Flluskat dhe kafshimet: LIBRI I FUNDIT I PROSECCO-s

Ngritni përvojën tuaj të kuzhinës me 100 shije të mbushura me Prosecco

Roland Hysaj

E drejta e autorit Materiali ©2024

Të gjitha Të drejtat Rezervuar

nr pjesë e kjo libër Mund të jetë të përdorura ose të transmetuara në ndonjë formë ose nga ndonjë do të thotë pa të e duhura shkruar pëlqimin e të botues dhe e drejta e autorit pronar përveç për i shkurtër citate të përdorura në a rishikim. Kjo libër duhet jo të jetë konsiderohen a zëvendësues për bar, ligjërisht, ose tjera profesionale këshilla.

TABELA E PËRMBAJTJES

TABELA E PËRMBAJTJES..3
PREZANTIMI...7
MËNGJESI DHE BRUNCH..9
1. Pancakes Prosecco..10
2. Sallatë frutash Prosecco...12
3. Dolli francez Prosecco..14
4. Prosecco kos Parfait...16
5. Krepat Prosecco Berry...18
6. Prosecco Mëngjesi Quinoa..21
7. Waffles Prosecco..23
8. Mini petullave Prosecco rafte......................................25
9. Donuts Prosecco të pjekura...28
10. Bukë Prosecco..31
11. Dolli francez Prosecco..34
12. Prosecco Brenda natës...36
13. Kupat e vezëve Prosecco...38
14. Prosecco Scones..40
15. Prosecco Mëngjesi Quiche...43
SNACKS..45
16. Bruschetta me reduktim Prosecco............................46
17. Ullinj të marinuar Prosecco......................................48
18. Skewers karkaleca Prosecco.....................................50
19. Kërpudha të mbushura me djathë dhie...................52
20. Prosecco Ceviche..54
21. Dardha Prosecco Poshe...56
22. Skewers Fruta Prosecco..58
23. Kokoshka Prosecco..60
24. Prosecco Guacamole..62
25. Prosecco Bruschetta..64
26. Luleshtrydhe Prosecco të mbushura........................66

27. Kafshimet e kastravecit prosecco..68
28. Prosecco Trail Mix..70
29. e Prosecco Energy..72
KURS KRYESOR..74
30. Prosecco Rizoto me karkaleca..75
31. Prosecco Chicken Piccata..77
32. Salmon me fara të thekura dhe proseko..................................80
33. Pasta Prosecco Bolognese...83
34. Rizoto me kërpudha Prosecco..86
35. Pulë me salcë Pomodoro dhe Prosecco...................................89
36. Brinjë të shkurtra viçi të ziera Prosecco.................................92
37. Pulë e pjekur në skarë të marinuar Prosecco.......................95
ËSHTIRËS..98
38. Tortë prosecco..99
39. Prosecco Cheese Fondue...103
40. Prosecco Granita...105
41. Pjeshkë dhe Prosecco Pavlova...107
42. Pana cotta shampanjë me manaferrat..................................109
43. Sherbeti shampanjë me luleshtrydhe....................................112
44. Luleshtrydhe & Prosecco Pate de Fruit................................114
45. Rrushi Prosecco Vodka..117
46. Mjaltë me infuzion proseko..119
47. Prosecco rozë ariu gomë s..121
48. Sallatë frutash mimoza..123
49. Prosecco Macarons...125
50. Akullore Prosecco...129
51. Sallatë frutash Prosecco..132
52. Tortë mëngjesi me boronicë - Prosecco................................134
53. Tortë klasike Prosecco...137
54. Prosecco Cupcakes..142
55. Tortë Prosecco me portokall gjaku..145
56. Prosecco Mousse...148
57. Bare me qumështor Prosecco..150
58. Roll torte Prosecco...153
59. Popsicles Prosecco..157

60. Prosecco Granita...159
61. Pjeshkë dhe manaferra në Prosecco.................................162
62. Dardha Prosecco Poshe...164
63. Prosecco Berry Parfait...166
64. Jeli Prosecco dhe Raspberry...168
65. Prosecco dhe Limon Posset..170
66. Prosecco Tiramisu..172
KODIMENTET...174
67. Prosecco dhe Salsa Pjeshke..175
68. Prosecco Jelly...177
69. Mustardë Prosecco..179
70. Gjalpë Prosecco...181
71. Gjizë me limon prosecco..183
72. Prosecco Aioli..186
73. Mustardë Prosecco Honey...188
74. Prosecco Herb Gjalpë...190
75. Prosecco Salsa Verde..192
KOKTEJLE..194
76. Aperol Spritz..195
77. Mimoza prosecco dhe lëng portokalli..............................197
78. Hibiscus Spritz...199
79. Mushka shampanjë...201
80. Hugo...203
81. Prosecco Mojito...205
82. Sgroppino..207
83. Prosecco Bellini...209
84. Prosecco Margarita...211
85. Prosecco Ginger Fizz..213
86. Prosecco frëngjisht 75..215
87. Prosecco Shegë Punch...217
88. Koktej rubin dhe rozmarinë Prosecco............................219
89. Koktej Prosecco Elderflower..222
90. Koktej grejpfrut rozë..224
91. Prosecco Pineapple Sorbet Float......................................226
92. Limonadë me mjedër Koktej..228

93. Sorbet portokalli Koktej......230
94. Portokalli gjaku i plakut Koktej......232
95. Prosecco dhe lëng portokalli Koktej......234
96. Fruti i pasionit Koktej......236
97. Pjeshkë Koktej Prosecco......238
98. Ananasi Koktej Prosecco......240
99. Prosecco Sangria......242
100. luleshtrydhe Koktej Prosecco......244
PËRFUNDIM......246

PREZANTIMI

Mirë se vini në "Flluskat dhe kafshimet: LIBRI I FUNDIT I PROSECCO-s"! Në këtë udhëtim kulinar, ne do të eksplorojmë botën e lezetshme të Prosecco dhe shkathtësinë e saj të jashtëzakonshme në kuzhinë. Prosecco, me flluskat e tij të ndezura dhe shijet e gjalla, sjell një prekje elegance dhe sofistikimi në çdo pjatë që zbukuron. Nga mëngjesi te snacket, pjatat kryesore dhe madje edhe erëzat, ne do të zbulojmë sekretet e përfshirjes së Prosecco në recetat tuaja të preferuara, duke i çuar krijimet tuaja të kuzhinës në lartësi të reja.

Në këtë libër gatimi, do të gjeni një koleksion recetash të kuruara me kujdes që shfaqin karakteristikat unike të Prosecco dhe nxjerrin në pah aftësinë e tij për të përmirësuar një gamë të gjerë shijesh. Çdo recetë është krijuar me saktësi, duke ofruar matje të hollësishme të përbërësve dhe udhëzime hap pas hapi për të siguruar suksesin tuaj në kuzhinë. Pavarësisht nëse po organizoni një rast të veçantë ose thjesht dëshironi të shtoni një prekje shkëlqimi në vaktet tuaja të përditshme, ky libër gatimi do t'ju frymëzojë të eksploroni botën e mrekullueshme të pjatave të mbushura me Prosecco.

Pra, merrni një shishe me Prosecco-n tuaj të preferuar, vishni përparësen tuaj dhe bëhuni gati për të nisur një aventurë kulinare që do të magjepsë shijet tuaja dhe do t'i lërë përshtypje të ftuarve tuaj. Nga koktejet e mëngjesit deri te darkat gustator, mundësitë janë të pafundme kur bëhet fjalë për krijimet e mbushura me Prosecco. Le të nxjerrim tapën dhe të zhytemi në botën e "Flluskat dhe kafshimet: LIBRI I FUNDIT I PROSECCO-s"!

MËNGJESI DHE BRUNCH

1. <u>Pancakes Prosecco</u>

PËRBËRËSIT:
- 1 filxhan miell për të gjitha përdorimet
- 1 luge sheqer
- 1 lugë çaji pluhur pjekjeje
- $\frac{1}{4}$ lugë çaji kripë
- 1 filxhan Prosecco
- $\frac{1}{4}$ filxhan qumësht
- 1 vezë
- 2 lugë gjalpë të shkrirë

UDHËZIME:
a) Në një tas të madh përzierjeje, përzieni miellin, sheqerin, pluhurin për pjekje dhe kripën.
b) Në një tas të veçantë, kombinoni Prosecco, qumështin, vezën dhe gjalpin e shkrirë. Përziejini mirë.
c) Hidhni përbërësit e lagësht në përbërësit e thatë dhe përzieni derisa të kombinohen. Mos e teproni; disa gunga janë në rregull.
d) Nxehni një tigan ose tigan që nuk ngjit mbi nxehtësinë mesatare dhe lyejeni lehtë me gjalpë ose spërkatje gatimi.
e) Hidhni $\frac{1}{4}$ filxhan brumë në tigan për çdo petull.
f) Gatuani derisa të krijohen flluska në sipërfaqe, më pas rrokullisni dhe gatuajeni anën tjetër deri në kafe të artë.
g) Shërbejini petullat Prosecco me mbushjet tuaja të preferuara si manaferrat e freskëta, krem pana ose shurup panje.

2. Sallatë frutash Prosecco

PËRBËRËSIT:

- 2 gota fruta të freskëta të përziera (të tilla si luleshtrydhe, boronica, mjedra dhe pjeshkë të prera në feta)
- ½ filxhan Prosecco
- 1 lugë mjaltë
- Gjethet e freskëta të nenexhikut për zbukurim

UDHËZIME:

a) Në një tas të madh, kombinoni frutat e freskëta të përziera.

b) Në një tas të veçantë, përzieni Prosecco-n dhe mjaltin derisa të kombinohen mirë.

c) Hidhni përzierjen e Prosecco mbi frutat dhe butësisht hidheni të lyhet.

d) Lëreni sallatën e frutave të qëndrojë për rreth 10 minuta në mënyrë që shijet të bashkohen.

e) E zbukurojmë me gjethe të freskëta nenexhiku dhe e shërbejmë të ftohur.

3. Dolli francez Prosecco

PËRBËRËSIT:
- 4 feta bukë (të tilla si brioshe ose bukë franceze)
- ¾ filxhan Prosecco
- ¼ filxhan qumësht
- 2 vezë
- 1 luge sheqer
- ½ lugë çaji ekstrakt vanilje
- Gjalpë për gatim
- Sheqer pluhur për pluhurosje (opsionale)
- Manaferrat e freskët për servirje (opsionale)

UDHËZIME:
a) Në një enë të cekët, përzieni Prosecco-n, qumështin, vezët, sheqerin dhe ekstraktin e vaniljes.
b) Nxehni një tigan ose tigan që nuk ngjit mbi nxehtësinë mesatare dhe shkrini një copë gjalpë.
c) Zhyt çdo fetë bukë në përzierjen Prosecco, duke e lënë të njomet për disa sekonda nga secila anë.
d) Vendoseni bukën e njomur në tigan dhe gatuajeni derisa të marrë ngjyrë kafe të artë nga secila anë, rreth 2-3 minuta për çdo anë.
e) Përsëriteni me fetat e mbetura të bukës, duke shtuar më shumë gjalpë sipas nevojës.
f) Pyejeni tostin francez Prosecco me sheqer pluhur sipas dëshirës dhe shërbejeni me manaferrat e freskëta.

4. Prosecco kos Parfait

PËRBËRËSIT:
- 1 filxhan kos grek
- 2 lugë mjaltë
- ½ lugë çaji ekstrakt vanilje
- 1 filxhan granola
- 1 filxhan manaferra të freskëta të përziera
- ¼ filxhan Prosecco

UDHËZIME:
a) Në një tas të vogël, rrihni së bashku kosin grek, mjaltin dhe ekstraktin e vaniljes derisa të jenë të lëmuara.
b) Në gotat ose tasat për servirje, shtrojini përzierjen e kosit grek, granola, manaferrat e freskëta dhe pak Prosecco.
c) Përsëritni shtresat derisa të përdoren përbërësit, duke përfunduar me një kukull kos grek dhe një spërkatje me granola sipër.
d) Shërbejeni menjëherë si një parfe të këndshëm me kos të mbushur me Prosecco.

5. Krepat Prosecco Berry

PËRBËRËSIT:
PËR KREPAT:
- 1 filxhan miell për të gjitha përdorimet
- 2 vezë
- ½ filxhan qumësht
- ½ filxhan Prosecco
- 1 luge sheqer
- ¼ lugë çaji kripë
- Gjalpë për gatim

PËR MBUSHJE:
- 1 filxhan manaferra të freskëta të përziera
- ¼ filxhan Prosecco
- 2 luge sheqer pluhur

UDHËZIME:
a) Në një blender bashkojmë miellin, vezët, qumështin, Prosecco-n, sheqerin dhe kripën. Përziejini derisa të jetë e qetë.
b) Ngrohni një tigan që nuk ngjit ose një tigan për krep në nxehtësi mesatare dhe lyejeni lehtë me gjalpë.
c) Hidhni ¼ filxhan të brumit të krepit në tigan, duke e rrotulluar përreth për të formuar një shtresë të hollë dhe të barabartë.
d) Gatuani krepin për rreth 2 minuta, derisa skajet të fillojnë të ngrihen dhe pjesa e poshtme të marrë një ngjyrë të lehtë të artë. Kthejeni dhe gatuajeni anën tjetër për një minutë tjetër.
e) Përsëriteni me brumin e mbetur, duke lyer tiganin me gjalpë sipas nevojës.
f) Në një tenxhere të vogël ngrohni manaferrat e freskëta të përziera, Prosecco-n dhe sheqerin pluhur në

zjarr të ulët derisa manaferrat të lëshojnë lëngun e tyre dhe masa të trashet pak.

g) Hidhni me lugë mbushjen e manave në çdo krep dhe paloseni në një trekëndësh ose rrotullojeni.

h) Shërbejini krepat me manaferrat Prosecco të ngrohta me një pluhur shtesë me sheqer pluhur nëse dëshironi.

6. Prosecco Mëngjesi Quinoa

PËRBËRËSIT:
- 1 filxhan quinoa
- 2 gota Prosecco
- 1 filxhan qumësht
- 2 lugë mjaltë
- ½ lugë çaji ekstrakt vanilje
- Manaferrat e freskët dhe arra të copëtuara për sipër

UDHËZIME:
a) Shpëlajeni quinoan nën ujë të ftohtë derisa uji të jetë i pastër.
b) Në një tenxhere vendosim Prosecco-n të ziejë. Shtoni quinoan të shpëlarë dhe ulni zjarrin në minimum.
c) Mbuloni tenxheren dhe ziejini për rreth 15-20 minuta derisa quinoa të zbutet dhe Prosecco të përthithet.
d) Në një tenxhere të veçantë, ngrohni qumështin, mjaltin dhe ekstraktin e vaniljes derisa të ngrohen.
e) Pasi kuinoa të jetë zier, hidhni sipër masën e qumështit dhe përzieni mirë që të bashkohet.
f) Shërbejeni quinoa-n e mëngjesit Prosecco në tas dhe sipër me manaferra të freskëta dhe arra të grira.

7. Waffles Prosecco

PËRBËRËSIT:

- 2 gota miell për të gjitha përdorimet
- 2 lugë sheqer të grimcuar
- 1 lugë gjelle pluhur pjekjeje
- ½ lugë çaji kripë
- 2 vezë të mëdha
- 1¾ filxhan lëng portokalli
- ¼ filxhan gjalpë pa kripë, i shkrirë
- ¼ filxhan Prosecco
- Lëkura e 1 portokalli

UDHËZIME:

a) Në një tas përziejmë miellin, sheqerin, pluhurin për pjekje dhe kripën.
b) Në një enë të veçantë rrihni vezët. Shtoni lëngun e portokallit, gjalpin e shkrirë, Prosecco-n dhe lëkurën e portokallit. Rrihni derisa të kombinohen mirë.
c) Hidhni përbërësit e lagësht në përbërësit e thatë dhe përzieni derisa të kombinohen.
d) Ngrohni paraprakisht hekurin tuaj të waffles dhe lyejeni pak me yndyrë.
e) Derdhni brumin në hekurin e vafles të nxehur më parë dhe gatuajeni sipas udhëzimeve të prodhuesit.
f) Shërbejini vaflet Prosecco me një pluhur sheqeri pluhur dhe një anë feta portokalli të freskët.

8. Mini petullave Prosecco rafte

PËRBËRËSIT:

PETULLAT:
- 2 gota Bisquick Complete përzierje petullash dhe vaffle
- ⅔ filxhan lëng portokalli të freskët
- ⅔ filxhan ujë

KREM Prosecco:
- ½ filxhan djathë mascarpone
- Lëvozhgë e grirë e 1 portokallit mesatar
- 5 lugë sheqer pluhur
- ½ filxhan Prosecco
- ⅓ filxhan krem për rrahje

Mbushjet:
- 4 deri në 6 lugë gjelle marmelatë portokalli
- Lëkura e portokallit për zbukurim

UDHËZIME:

a) Nxehni një tigan ose tigan mbi nxehtësinë mesatare-të lartë (375°F) dhe lyeni me vaj vegjetal.

b) Në një tas mesatar, rrahim përbërësit e petullës me një kamxhik. Përdorni një lugë gjelle ose një lugë të vogël akulloreje për ta derdhur brumin në një tigan të nxehtë, duke formuar mini petulla. Gatuani derisa të thyhen flluska në sipërfaqe, më pas rrokullisni dhe gatuajeni deri në kafe të artë. Transferoni petullat në një raft ftohjeje.

c) Në një tas të vogël, rrahim djathin mascarpone, lëkurën e portokallit dhe sheqerin pluhur me një mikser elektrik në shpejtësi mesatare derisa të rrahen mirë. Uleni shpejtësinë në të ulët dhe rrihni butësisht në Prosecco derisa të jetë e qetë. Në një enë tjetër të vogël, rrahim kremin e rrahur me shpejtësi të lartë derisa të formohen maja të forta. Duke përdorur një shpatull, palosni butësisht kremin e rrahur në masën e maskarpones.

d) Për të mbledhur një pirg petullash, vendosni një mini petulla në një pjatë ose pjatë servirjeje. Përhapeni petulla me marmelatë portokalli. Përsëriteni me dy petulla të tjera dhe marmelatë. Spërkateni me krem Prosecco dhe zbukurojeni me lëkurë portokalli.

9. Donuts Prosecco të pjekura

PËRBËRËSIT:
KONAT:
- 3 gota miell
- 2 lugë çaji pluhur pjekjeje
- ½ lugë çaji kripë deti
- 4 vezë
- ¾ filxhan gjalpë të shkrirë
- 1 filxhan sheqer
- ½ filxhan Prosecco
- 1 lugë çaji ekstrakt vanilje
- Lëkura dhe lëngu i 2 portokalleve me kërthizë të madhe

GLAZER:
- 6 lugë Prosecco
- 2 gota sheqer pluhur të situr
- Lëkura e 1 portokalli

UDHËZIME:
a) Ngroheni furrën në 350 gradë Fahrenheit (175 gradë Celsius). Lyeni me yndyrë një tepsi për donut.

b) Në një tas të madh, përzieni miellin, pluhurin për pjekje, kripën e detit dhe lëkurën e portokallit.

c) Në një enë tjetër, përzieni së bashku sheqerin, vezët, Prosecco-n, lëngun e portokallit, gjalpin e shkrirë dhe ekstraktin e vaniljes.

d) Shtoni përbërësit e lagësht tek përbërësit e thatë dhe përziejini derisa masa të bëhet e qetë dhe të mos mbeten xhepa të thatë.

e) Transferoni brumin në një qese pastiçerie ose në një qese me zinxhir me një cep të prerë. Hidheni brumin në tepsinë e përgatitur për donut.

f) Piqini donutët për rreth 15 minuta ose derisa majat të jenë të forta në prekje. Pjesa e sipërme nuk duhet të jetë kafe. Mund të kontrolloni pjesën e poshtme të një donut për të parë nëse është skuqur.

g) Hiqni donutët nga tigani dhe lërini të ftohen në temperaturën e dhomës.

h) Ndërkohë përgatisim glazurën duke përzier Prosecco-n, sheqerin pluhur të situr dhe lëkurën e portokallit.

i) Pasi donutët të jenë ftohur, zhyteni secilin në glazurë. Lëreni glazurën të forcohet dhe më pas zhytni sërish krofanët për një lustër të dyfishtë.

j) Shijoni këto Donuts të lezetshëm Prosecco të pjekur, të aromatizuar me lëng të freskët portokalli, lëvore dhe Prosecco me flluska! Ato janë një trajtim perfekt për ëmbëlsirë ose një ëmbëlsirë speciale për mëngjes.

10. Bukë Prosecco

PËRBËRËSIT:
- 2 gota miell
- 2 lugë çaji sodë buke
- $\frac{1}{2}$ lugë çaji kripë
- 2 vezë
- $\frac{1}{4}$ filxhan gjalpë të shkrirë
- 1 filxhan sheqer
- $\frac{1}{2}$ filxhan Prosecco
- $\frac{1}{3}$ filxhan salcë kosi
- $\frac{1}{4}$ filxhan lëng portokalli
- 1 lugë gjelle lëvore portokalli
- Kremimi:
- $\frac{1}{2}$ filxhan sheqer pluhur
- $\frac{1}{2}$ - 1 lugë gjelle Prosecco
- $\frac{1}{2}$ lugë gjelle lëvore portokalli

UDHËZIME:
a) Ngroheni furrën në 350 gradë F (175 gradë C) dhe lyeni me yndyrë një tavë buke.
b) Në një tas të vogël, përzieni miellin, sodën e bukës dhe kripën. Le menjane.
c) Në një tas të madh, rrihni vezët, gjalpin e shkrirë dhe sheqerin. Shtoni Prosecco-n, salcën e thartë, lëngun e portokallit dhe lëkurën e portokallit.
d) Ngadalë shtoni përbërësit e thatë tek përbërësit e lagësht dhe përziejini derisa të kombinohen.
e) Transferoni brumin në tavën e përgatitur dhe piqni për 55-60 minuta ose derisa një kruese dhëmbësh e futur në qendër të dalë e pastër.
f) Lëreni bukën të ftohet plotësisht përpara se të bëni krem.

g) Në një tas të vogël, përzieni të gjithë përbërësit e kremës derisa të jenë të lëmuara. Hidhni kremin mbi petën e ftohur.

h) Shijoni këtë bukë të lezetshme Prosecco, të mbushur me shijet e Prosecco dhe lëkurën e portokallit! Është një trajtim i përsosur për mëngjesin e vonë, mëngjesin ose çdo herë që dëshironi një bukë të shijshme të lagësht dhe agrume.

11. Dolli francez Prosecco

PËRBËRËSIT:
- 6 feta bukë të trashë (p.sh. briosh ose challah)
- 4 vezë të mëdha
- ½ filxhan lëng portokalli
- ¼ filxhan Prosecco
- ¼ filxhan qumësht
- 1 lugë gjelle lëvore portokalli
- ½ lugë çaji ekstrakt vanilje
- Gjalpë për tiganisje
- Sheqer pluhur për pluhurosje
- Manaferrat e freskët për sipër
- Shurup panje për servirje

UDHËZIME:
a) Në një pjatë të cekët, përzieni vezët, lëngun e portokallit, Prosecco-n, qumështin, lëkurën e portokallit dhe ekstraktin e vaniljes.

b) Zhytni çdo fetë bukë në përzierje, duke e lënë të zhytet për disa sekonda nga secila anë.

c) Ngroheni një tigan të madh mbi nxehtësinë mesatare dhe shtoni pak gjalpë për të lyer tiganin.

d) Gatuani fetat e bukës së njomur deri në kafe të artë dhe krokante nga të dyja anët.

e) Transferoni tostin francez në pjatat e servirjes, pudrosni me sheqer pluhur dhe sipër manaferrat e freskëta.

f) Shërbejeni me shurup panje anash.

12. Prosecco Brenda natës

PËRBËRËSIT:
- 1 filxhan tërshërë të mbështjellë
- 1 filxhan lëng portokalli
- ½ filxhan kos grek
- ¼ filxhan Prosecco
- 1 lugë mjaltë
- 1 lugë çaji lëvore portokalli
- Fruta të freskëta të prera për sipër (p.sh. portokall, manaferra)
- Bajame ose arra të thekura për krucë (opsionale)

UDHËZIME:
a) Në një tas, kombinoni tërshërën e mbështjellë, lëngun e portokallit, kosin grek, Prosecco-n, mjaltin dhe lëkurën e portokallit.

b) Përziejini mirë për t'u siguruar që të gjithë përbërësit të jenë kombinuar plotësisht.

c) Mbulojeni enën me mbështjellës plastik ose kapak dhe vendoseni në frigorifer gjatë natës.

d) Në mëngjes, përzieni tërshërën dhe shtoni një spërkatje me lëng portokalli ose kos nëse është e nevojshme për të rregulluar konsistencën.

e) Sipër shtoni fruta të freskëta të prera në feta dhe arra të thekura nëse dëshironi.

13. Kupat e vezëve Prosecco

PËRBËRËSIT:
- 6 feta proshutë të gatuar
- 6 vezë të mëdha
- ¼ filxhan lëng portokalli
- ¼ filxhan Prosecco
- Kripë dhe piper për shije
- Qiqra të freskëta për zbukurim

UDHËZIME:
a) Ngrohni furrën tuaj në 375°F (190°C). Lyeni me yndyrë një tepsi për kifle ose përdorni gota silikoni për kifle.
b) Rreshtoni çdo filxhan me një fetë proshutë të gatuar, duke formuar një rreth.
c) Në një tas të vogël, përzieni vezët, lëngun e portokallit, Prosecco-n, kripën dhe piperin.
d) Hidheni përzierjen e vezëve në çdo filxhan të veshur me proshutë, duke e mbushur rreth ⅔ plot.
e) Piqeni në furrën e nxehur më parë për 15-18 minuta ose derisa vezët të jenë të ngurtësuara.
f) Hiqni kupat e vezëve nga furra, lërini të ftohen pak dhe zbukurojeni me qiqra të freskëta.

14. Prosecco Scones

PËRBËRËSIT:
- 2 gota miell për të gjitha përdorimet
- ¼ filxhan sheqer të grimcuar
- 1 lugë gjelle pluhur pjekjeje
- ½ lugë çaji kripë
- ½ filxhan gjalpë të ftohtë pa kripë, të prerë në kubikë të vegjël
- ¼ filxhan krem i trashë
- ¼ filxhan lëng portokalli
- ¼ filxhan Prosecco
- 1 lugë çaji lëvore portokalli
- ½ filxhan boronica të thata ose rrush të thatë (opsionale)
- 1 vezë e madhe, e rrahur (për larjen e vezëve)
- Sheqer i trashë për spërkatje

UDHËZIME:
a) Ngrohni furrën tuaj në 400°F (200°C). Rreshtoni një fletë pjekjeje me letër pergamene.
b) Në një tas të madh, përzieni miellin, sheqerin, pluhurin për pjekje dhe kripën.
c) Shtoni kubikët e gjalpit të ftohtë tek përbërësit e thatë dhe pritini duke përdorur një prestar pastiçerie ose dy thika derisa masa të ngjajë me thërrime të trashë.
d) Në një tas të veçantë, përzieni kremin e trashë, lëngun e portokallit, Prosecco-n dhe lëkurën e portokallit.
e) Hidhni përbërësit e lagësht në përzierjen e thatë dhe përzieni derisa të kombinohen. Nëse përdorni, shtoni boronicat e thata ose rrush të thatë.

f) Transferoni brumin në një sipërfaqe të lyer me miell dhe vendoseni në një rreth rreth 1 inç të trashë. Pritini rrethin në 8 copa.

g) Vendosni kokrrat në fletën e përgatitur për pjekje, lyejeni majat me vezën e rrahur dhe spërkatni me sheqer të trashë.

h) I pjekim në furrën e nxehur më parë për 15-18 minuta ose derisa kokrrat të marrin ngjyrë kafe të artë.

i) Lërini kokrrat të ftohen pak përpara se t'i shërbeni.

15. Prosecco Mëngjesi Quiche

PËRBËRËSIT:
- 1 kore byreku gati për përdorim
- 4 vezë të mëdha
- ½ filxhan lëng portokalli
- ½ filxhan Prosecco
- ½ filxhan krem i trashë
- ½ filxhan djathë çedër i grirë
- ¼ filxhan proshutë të gatuar dhe të thërrmuar
- ¼ filxhan qepë jeshile të copëtuara
- Kripë dhe piper për shije
- Majdanoz i freskët për zbukurim

UDHËZIME:
a) Ngrohni furrën tuaj në 375°F (190°C).
b) Hapni koren e byrekut dhe vendoseni në një pjatë byreku 9 inç. Shtrydhni skajet sipas dëshirës.
c) Në një tas, përzieni vezët, lëngun e portokallit dhe Prosecco derisa të kombinohen mirë.
d) Shtoni kremin e trashë, djathin çedar të grirë, proshutën e grirë, qepët e njoma të grira, kripën dhe piperin. Përziejini për t'u bashkuar.
e) Hedhim masën e vezëve në koren e përgatitur të byrekut.
f) Piqeni kishin në furrën e nxehur më parë për 30-35 minuta ose derisa qendra të jetë vendosur dhe sipër të marrë ngjyrë kafe të artë.
g) Hiqeni kishin nga furra dhe lëreni të ftohet për disa minuta përpara se ta prisni në feta.
h) E zbukurojmë me majdanoz të freskët dhe e servirim të ngrohtë.

SNACKS

16. Bruschetta me reduktim Prosecco

PËRBËRËSIT:
- Baguette, e prerë në feta
- 1 luge vaj ulliri
- 1 filxhan djathë rikota
- Lëkura e 1 limoni
- 1 lugë mjaltë
- 1 filxhan manaferra të freskëta të përziera
- Gjethet e freskëta të nenexhikut për zbukurim
- Reduktimi i prosecco-s (bëhet duke zier Prosecco derisa të trashet)

UDHËZIME:
a) Ngrohni furrën në 350°F (175°C).
b) Lyejini fetat e baguettes me vaj ulliri dhe vendosini në një tepsi.
c) Skuqini bagutet në furrë për rreth 8-10 minuta ose derisa të marrin një ngjyrë të lehtë të artë.
d) Në një tas të vogël, përzieni djathin ricotta, lëkurën e limonit dhe mjaltin derisa të kombinohen mirë.
e) Përhapeni një copë petë të përzierjes së rikotës mbi çdo baguette të thekur.
f) Sipër rikotën me manaferrat e freskëta të përziera.
g) Hidhni reduktimin Prosecco mbi brusketa.
h) Dekoroni me gjethe të freskëta nenexhiku.

17. Ullinj të marinuar Prosecco

PËRBËRËSIT:

- 1 filxhan ullinj të përzier (të tillë si Kalamata, jeshil ose i zi)
- ¼ filxhan Prosecco
- 2 luge vaj ulliri
- 2 thelpinj hudhre, te grira
- 1 lugë çaji barishte të thata italiane (si rigon ose trumzë)
- Thekon spec të kuq (opsionale)

UDHËZIME:

a) Në një tas, kombinoni ullinjtë, Prosecco-n, vajin e ullirit, hudhrat e grira, barishtet e thata italiane dhe specat e kuq sipas dëshirës.

b) I hedhim ullinjtë në marinadë derisa të jenë lyer mirë.

c) Mbulojeni enën dhe vendoseni në frigorifer për të paktën 1 orë ose gjatë natës për të lejuar që shijet të zhvillohen.

d) Shërbejini ullinjtë e marinuar Prosecco si një rostiçeri të shijshme dhe me kripë.

18. Skewers karkaleca Prosecco

PËRBËRËSIT:
- 1 kile karkaleca të mëdha, të qëruara dhe të deveinuara
- ¼ filxhan Prosecco
- 2 luge vaj ulliri
- 2 thelpinj hudhre, te grira
- 1 lugë majdanoz i freskët, i grirë
- Kripë dhe piper për shije
- Copa limoni për servirje

UDHËZIME:
a) Në një enë bashkojmë Prosecco-n, vajin e ullirit, hudhrën e grirë, majdanozin e freskët, kripën dhe piperin.
b) Shtoni karkalecat e qëruara dhe të devijonuara në marinadë dhe hidhini të lyhen.
c) Mbulojeni enën dhe vendoseni në frigorifer për të paktën 30 minuta në mënyrë që shijet të mbushen.
d) Ngrohni paraprakisht skarën ose tiganin e skarës mbi nxehtësinë mesatare-të lartë.
e) Hidhni karkalecat e marinuara në hell.
f) Grijini hellet e karkalecave në skarë për 2-3 minuta në çdo anë ose derisa karkalecat të jenë rozë dhe të errët.
g) Shërbejini hellet e karkalecave Prosecco me copa limoni për një rostiçeri të shijshme dhe të mbushur me proteina.

19. Kërpudha të mbushura me djathë dhie

PËRBËRËSIT:
- 12 kërpudha të mëdha butona ose cremini
- ¼ filxhan Prosecco
- 4 ons djathë dhie
- 2 lugë qiqra të freskëta, të grira
- Kripë dhe piper për shije

UDHËZIME:
a) Ngrohni furrën në 375°F (190°C).
b) Hiqni kërcellet nga kërpudhat dhe lërini mënjanë.
c) Në një enë pjekjeje hedhim Prosecco-n dhe vendosim kapakët e kërpudhave me kokë poshtë në enë.
d) Piqni kapakët e kërpudhave për rreth 10 minuta që të zbuten.
e) Ndërkohë grijmë imët bishtat e kërpudhave.
f) Në një enë përzieni kërcellet e kërpudhave të grira, djathin e dhisë, qiqrat, kripën dhe piperin.
g) Hiqni kapakët e kërpudhave nga furra dhe kulloni Prosecco-n e tepërt.
h) Mbushni çdo kapak të kërpudhave me përzierjen e djathit të dhisë.
i) Kërpudhat e mbushura i kthejmë në furrë dhe i pjekim për 10-12 minuta të tjera ose derisa mbushja të marrë ngjyrë të artë dhe me flluska.
j) Shërbejeni kërpudhat e mbushura me Prosecco dhe djathë dhie si një meze të lehtë dhe elegante.

20. Prosecco Ceviche

PËRBËRËSIT:
- 1 kile fileto peshku të bardhë (të tilla si snapper ose tilapia), të prera në kubikë të vegjël
- 1 filxhan Prosecco
- ½ filxhan lëng limoni
- ¼ filxhan lëng portokalli
- ¼ filxhan qepë të kuqe, të grirë hollë
- 1 jalapeno, me fara dhe të grirë
- ¼ filxhan cilantro e freskët, e copëtuar
- Kripë dhe piper për shije
- Patate të skuqura tortilla ose patate të skuqura delli për servirje

UDHËZIME:
a) Në një tas qelqi, bashkoni kubet e peshkut, Prosecco, lëngun e limonit dhe lëngun e portokallit.
b) Përzieni qepën e kuqe të copëtuar, jalapeno të grirë dhe cilantro të copëtuar.
c) I rregullojmë me kripë dhe piper sipas shijes.
d) Mbulojeni enën dhe vendoseni në frigorifer për rreth 2-3 orë, duke e përzier herë pas here, derisa peshku të bëhet i errët dhe të "zihet" nga lëngjet e agrumeve.
e) Shërbejeni ceviçen e ftohtë Prosecco me patate të skuqura tortilla ose patate të skuqura delli për një rostiçeri të lehtë dhe të shijshme.

21. Dardha Prosecco Poshe

PËRBËRËSIT:
- 4 dardha të pjekura, të qëruara dhe me bërthama
- 2 gota Prosecco
- 1 gotë ujë
- ½ filxhan sheqer
- 1 shkop kanelle
- 4 karafil të tërë
- Krem pana ose akullore me vanilje për servirje

UDHËZIME:
a) Në një tenxhere të madhe, bashkoni Prosecco-n, ujin, sheqerin, shkopin e kanellës dhe karafilin e plotë.

b) Ngroheni përzierjen në zjarr mesatar derisa sheqeri të tretet dhe lëngu të ziejë.

c) Shtoni dardhat e qëruara dhe me bërthama në lëngun e gjuetisë pa leje.

d) Ziejini dardhat në përzierjen Prosecco për rreth 20-30 minuta ose derisa dardhat të zbuten kur shpohen me pirun.

e) Hiqeni tenxheren nga zjarri dhe lërini dardhat të ftohen në lëng.

f) Pasi të jenë ftohur, i hiqni dardhat nga lëngu dhe i vendosni në tasat e servirjes.

g) Shërbejini dardhat e ziera Prosecco me pak lëng të zier pa leje dhe një copë krem pana ose një lugë akullore vanilje.

22. Skewers Fruta Prosecco

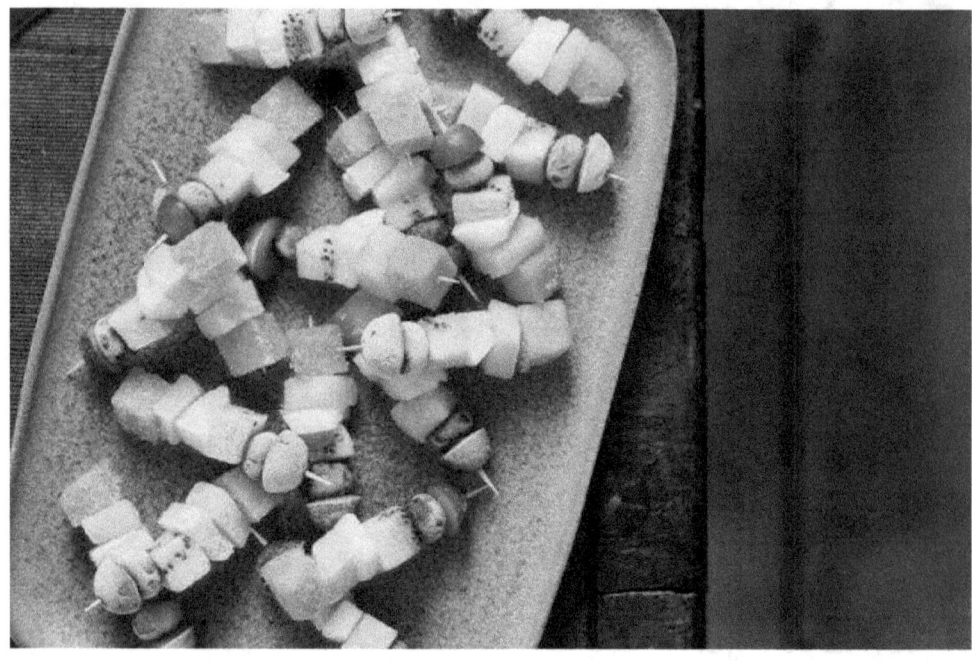

PËRBËRËSIT:

- Fruta të freskëta të ndryshme (të tilla si luleshtrydhe, rrush, copa ananasi dhe topa pjepri)
- 1 filxhan Prosecco
- Hell druri

UDHËZIME:

a) Fërkoni frutat e freskëta në hell druri, duke alternuar frutat për një prezantim shumëngjyrësh.
b) Vendosni hellet e frutave në një enë të cekët ose në një tavë pjekjeje.
c) Prosecco-n e hedhim sipër helleve të frutave, duke u kujdesur që ato të jenë të veshura mirë.
d) Mbulojeni enën ose tiganin dhe vendoseni në frigorifer për të paktën 1 orë në mënyrë që frutat të thithin shijet Prosecco.
e) Shërbejini hellet e ftohta të frutave Prosecco si një rostiçeri freskuese dhe me lëng.

23. Kokoshka Prosecco

PËRBËRËSIT:

- 8 gota kokoshka të grira
- ¼ filxhan gjalpë pa kripë, i shkrirë
- 2 lugë Prosecco
- 1 lugë çaji lëvore portokalli
- 1 luge sheqer pluhur

UDHËZIME:

a) Në një tas të madh, bashkoni gjalpin e shkrirë, Prosecco-n dhe lëkurën e portokallit.

b) Hidhni përzierjen e gjalpit mbi kokoshkat e grira dhe hidheni butësisht që të mbulohen në mënyrë të barabartë.

c) Spërkatni sheqer pluhur mbi kokoshkat dhe hidhini përsëri për t'u bashkuar.

d) Shërbejeni menjëherë ose ruajeni në një enë hermetike për më vonë.

24. Prosecco Guacamole

PËRBËRËSIT:
- 2 avokado të pjekura, të grira
- ¼ filxhan qepë të kuqe të prerë në kubikë
- ¼ filxhan domate të prera në kubikë
- ¼ filxhan cilantro të copëtuar
- 1 jalapeno, me fara dhe të grira hollë
- 2 lugë gjelle lëng limoni të freskët
- 2 lugë Prosecco
- Kripë dhe piper për shije

UDHËZIME:
a) Në një tas mesatar, kombinoni avokadon e grirë, qepën e kuqe, domatet, cilantro dhe jalapeno.
b) Përzieni lëngun e freskët të limonit dhe Prosecco.
c) I rregullojmë me kripë dhe piper sipas shijes.
d) Shërbejeni me patate të skuqura tortilla ose shkopinj perimesh për zhytje.

25. Prosecco Bruschetta

PËRBËRËSIT:
- Baguette, e prerë në feta
- 1 filxhan domate qershi, të përgjysmuara
- $\frac{1}{4}$ filxhan qepë të kuqe të prerë në kubikë
- 2 lugë borzilok të freskët të grirë
- 1 lugë gjelle uthull Prosecco
- 1 luge vaj ulliri
- 1 lugë çaji mjaltë
- Kripë dhe piper për shije

UDHËZIME:
a) Ngrohni furrën në 350°F (175°C).
b) Vendosini fetat e baguettes në një tepsi dhe skuqini në furrë derisa të bëhen pak krokante.
c) Në një enë bashkojmë domatet qershi, qepën e kuqe, borzilokun, uthullën Prosecco, vajin e ullirit, mjaltin, kripën dhe piperin.
d) Hidhni me lugë përzierjen e domates mbi fetat e baguetit të thekur.
e) Shërbejeni menjëherë si një meze të lehtë dhe elegante.

26. Luleshtrydhe Prosecco të mbushura

PËRBËRËSIT:
- 1 filxhan luleshtrydhe të freskëta
- 4 oce krem djathi, i zbutur
- 2 luge sheqer pluhur
- 1 lugë çaji lëvore portokalli
- 1 lugë gjelle Prosecco
- Gjethet e freskëta të nenexhikut për zbukurim

UDHËZIME:
a) Lajini luleshtrydhet dhe prisni majat. Zbrazni me kujdes qendrën e secilës luleshtrydhe duke përdorur një thikë të vogël ose balonë pjepri.

b) Në një tas përziejmë kremin e djathit të zbutur, sheqerin pluhur, lëkurën e portokallit dhe Prosecco-n.

c) Hidhni me lugë përzierjen e kremit të djathit në luleshtrydhet e zbrazura.

d) Zbukuroni çdo luleshtrydhe të mbushur me një gjethe nenexhiku të freskët.

e) Lëreni në frigorifer derisa të jeni gati për t'u shërbyer.

27. Kafshimet e kastravecit prosecco

PËRBËRËSIT:
- 1 kastravec i madh, i prerë në feta
- 4 oce krem djathi, i zbutur
- 1 lugë gjelle kopër të freskët të copëtuar
- 1 lugë gjelle Prosecco
- Salmon i tymosur (opsionale)
- Lëkura e limonit për zbukurim

UDHËZIME:
a) Në një enë përzieni kremin e zbutur, koprën e grirë dhe Prosecco derisa të bashkohen mirë.

b) Përhapeni një sasi të vogël të përzierjes së djathit krem në çdo fetë kastraveci.

c) Nëse dëshironi, shtoni sipër një copë salmon të tymosur.

d) Dekoroni me lekuren e limonit.

e) Shërbejini kafshimet e kastravecit si një rostiçeri elegante dhe freskuese.

28. Prosecco Trail Mix

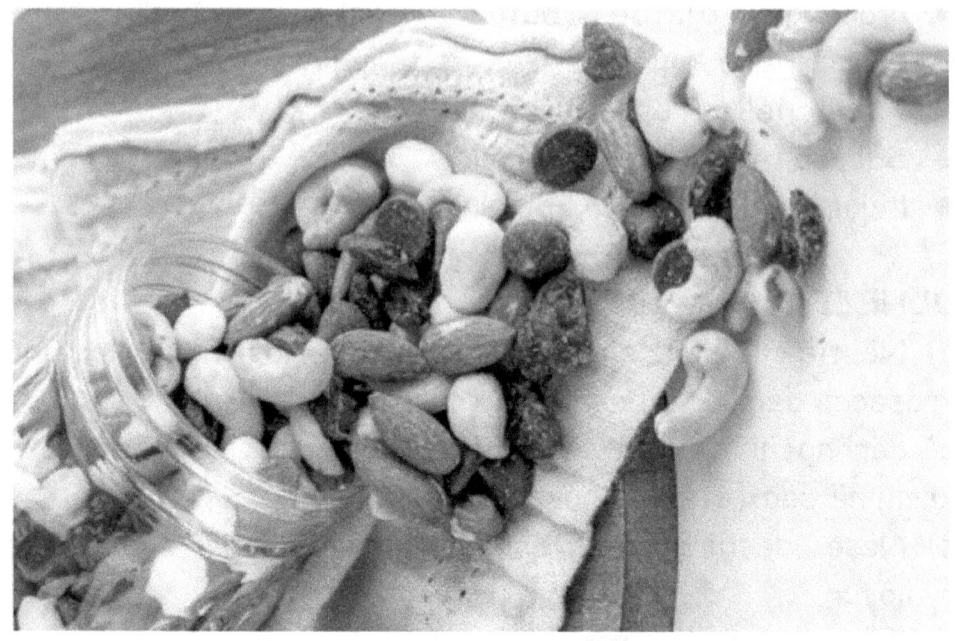

PËRBËRËSIT:
- 1 filxhan bajame të pjekura
- 1 filxhan boronicë të thata
- 1 filxhan patate të skuqura çokollatë të bardhë
- ¼ filxhan lëvore portokalli
- 2 lugë Prosecco

UDHËZIME:
a) Në një tas të madh, kombinoni bajamet e pjekura, boronicat e thata dhe copëzat e çokollatës së bardhë.
b) Në një tas të vogël të veçantë, përzieni lëkurën e portokallit dhe Prosecco për të krijuar një glazurë.
c) Hidhni glazurën e portokallit mbi përzierjen e gjurmëve dhe hidheni të lyhet në mënyrë të barabartë.
d) Përhapeni përzierjen e gjurmëve në një tepsi dhe lëreni të qëndrojë.
e) Ruani në një enë hermetike për një rostiçeri të shijshme dhe të këndshme.

29. e Prosecco Energy

PËRBËRËSIT:

- 1 filxhan tërshërë të modës së vjetër
- ½ filxhan gjalpë bajame
- ⅓ filxhan mjaltë
- ¼ filxhan fara liri të bluar
- ¼ filxhan kajsi të thata të copëtuara
- ¼ filxhan boronica të thata të copëtuara
- ¼ filxhan kokos të grirë
- 1 lugë gjelle lëvore portokalli
- 2 lugë Prosecco

UDHËZIME:

a) Në një tas të madh përzierjeje, kombinoni tërshërën, gjalpin e bajameve, mjaltin, farën e lirit të bluar, kajsitë e thata, boronicat e thata, kokosin e grirë dhe lëkurën e portokallit.

b) Hidhni Prosecco-n mbi përzierjen dhe përzieni derisa të kombinohen mirë.

c) E rrotullojmë masën në toptha të vegjël dhe i vendosim në një tepsi të veshur me letër furre.

d) Lërini kafshatat e energjisë në frigorifer për të paktën 30 minuta për t'u vendosur.

e) Ruani kafshimet e energjisë në frigorifer për një meze të lehtë dhe të shëndetshme.

KURS KRYESOR

30. Prosecco Rizoto me karkaleca

PËRBËRËSIT:
- 1 kile karkaleca, të qëruara dhe të deveruara
- 1 filxhan oriz Arborio
- 3 gota supë perimesh
- 1 filxhan Prosecco
- ½ filxhan djathë parmixhano të grirë
- 1 lugë gjelle gjalpë
- 1 qepe, e prerë imët
- 2 thelpinj hudhre, te grira
- Kripë dhe piper për shije
- Majdanoz i freskët për zbukurim

UDHËZIME:
a) Në një tigan të madh shkrini gjalpin në zjarr mesatar.
b) Shtoni qepën dhe hudhrën në tigan dhe ziejini derisa të zbuten.
c) Shtoni orizin Arborio në tigan dhe përzieni që të lyhet me gjalpë.
d) Hidhni Prosecco-n dhe gatuajeni derisa të përthithet nga orizi.
e) Shtoni gradualisht lëngun e perimeve, rreth ½ filxhan në të njëjtën kohë, duke e përzier vazhdimisht derisa çdo shtesë të përthithet përpara se të shtoni më shumë.
f) Vazhdoni këtë proces derisa orizi të jetë gatuar al dente dhe të ketë një konsistencë kremoze.
g) Hidhni djathin parmixhano të grirë dhe rregulloni me kripë dhe piper për shije.
h) Në një tigan të veçantë, gatuajini karkalecat derisa të marrin ngjyrë rozë dhe të gatuhen.
i) Shërbejeni rizoton Prosecco në tas, sipër me karkaleca të ziera dhe zbukuruar me majdanoz të freskët.

31. Prosecco Chicken Piccata

PËRBËRËSIT:
- 4 gjoks pule pa kocka dhe pa lëkurë
- ½ filxhan miell për të gjitha përdorimet
- Kripë dhe piper për shije
- 2 luge vaj ulliri
- 2 thelpinj hudhre, te grira
- ½ filxhan Prosecco
- ½ filxhan lëng pule
- 2 lugë gjelle kaperi
- Lëng nga 1 limon
- 2 lugë gjelle gjalpë
- Majdanoz i freskët për zbukurim

UDHËZIME:
a) I rregullojmë gjokset e pulës me kripë dhe piper.
b) Në një enë të cekët, bashkoni miellin me kripë dhe piper.
c) Thërrmoni gjokset e pulës në përzierjen e miellit, duke shkundur çdo tepricë.
d) Në një tigan të madh, ngrohni vajin e ullirit mbi nxehtësinë mesatare.
e) Shtoni gjokset e pulës në tigan dhe ziejini derisa të marrin ngjyrë kafe të artë nga të dyja anët dhe të gatuhen.
f) Hiqeni pulën nga tigani dhe lëreni mënjanë.
g) Në të njëjtën tigan, shtoni hudhrën e grirë dhe gatuajeni për rreth 1 minutë.
h) Hidhni Prosecco-n dhe lëngun e pulës, duke gërvishtur pjesën e poshtme të tiganit për të liruar pjesët e skuqura.
i) Përzieni kaperin dhe lëngun e limonit.

j) Lëreni salcën të ziejë dhe gatuajeni për disa minuta që të zvogëlohet dhe të trashet pak.

k) Përzieni gjalpin derisa të shkrihet dhe të futet në salcë.

l) I kthejmë gjokset e pulës në tigan dhe i lyejmë me salcë.

m) Zbukurojeni me majdanoz të freskët dhe shërbejeni piccata-n e pulës Prosecco me pjatat anësore të zgjedhjes suaj.

32. Salmon me fara të thekura dhe proseko

PËRBËRËSIT:

- 4 fileto salmon
- Kripë dhe piper, për shije
- 2 luge vaj ulliri
- 2 lugë fara të përziera (si susami, kungulli ose luledielli)
- 1 filxhan Prosecco ose ndonjë verë e bardhë e gazuar
- 1 filxhan krem të rëndë
- 2 lugë gjelle kopër të freskët, të grirë
- 1 limon, i prerë në feta (për zbukurim)

UDHËZIME:

a) I rregullojmë filetot e salmonit me kripë dhe piper nga të dyja anët.

b) Ngrohni vajin e ullirit në një tigan të madh mbi nxehtësinë mesatare. Shtoni filetot e salmonit, me anën e lëkurës poshtë dhe gatuajeni për rreth 4-5 minuta derisa lëkura të bëhet krokante dhe të skuqet. Ktheni filetot dhe gatuajeni për 3-4 minuta të tjera, ose derisa salmoni të jetë gatuar në nivelin e dëshiruar të gatishmërisë. Hiqeni salmonin nga tigani dhe lëreni mënjanë.

c) Në të njëjtën tigan shtoni farat e përziera dhe skuqini në zjarr mesatar për rreth 2-3 minuta derisa të marrin aromë dhe pak të artë. Hiqni farat nga tigani dhe lërini mënjanë.

d) Lyejeni tiganin duke i shtuar Prosecco-n, duke gërvishtur pjesën e poshtme të tiganit për të liruar pjesët e skuqura. Lëreni Prosecco të ziejë për disa minuta derisa të zvogëlohet pak.

e) Hidhni kremin e trashë dhe vazhdoni të zieni salcën për rreth 5 minuta derisa të trashet pak. I rregullojmë me kripë dhe piper sipas shijes.

f) Kthejini filetot e salmonit në tigan dhe gatuajeni për 2-3 minuta të tjera, duke i lënë të ngrohen dhe të thithin pak nga salca.

g) Mbi filetot e salmonit spërkatni farat e thekura dhe koprën e grirë.

h) Shërbejeni salmonin me salcën Prosecco në pjata individuale. Dekoroni me feta limoni.

i) Shijoni salmonin tuaj të shijshëm me fara të thekura dhe salcë Prosecco!

33. Pasta Prosecco Bolognese

PËRBËRËSIT:
- 1 kile mish viçi të bluar
- 1 qepë e grirë hollë
- 2 thelpinj hudhre, te grira
- ½ filxhan Prosecco
- 1 kanaçe (14 ons) domate të grimcuara
- ¼ filxhan pastë domate
- 1 lugë çaji rigon të tharë
- 1 lugë çaji borzilok të thatë
- Kripë dhe piper për shije
- ¼ filxhan krem i trashë
- Makarona të gatuara sipas zgjedhjes suaj (të tilla si spageti ose fetuccine)
- Djathë parmixhano të grirë për servirje
- Gjethet e borzilokut të freskët për zbukurim

UDHËZIME:
a) Në një tigan të madh, gatuajeni mishin e grirë në nxehtësi mesatare derisa të skuqet.

b) Shtoni qepën e grirë dhe hudhrën e grirë në tigan dhe ziejini derisa të zbuten.

c) Hidhni Prosecco-n dhe gatuajeni për disa minuta në mënyrë që alkooli të avullojë.

d) Përzieni domatet e shtypura, pastën e domates, rigonin e tharë dhe borzilokun e tharë.

e) I rregullojmë me kripë dhe piper sipas shijes.

f) Ziejeni salcën për rreth 20-30 minuta në mënyrë që shijet të zhvillohen.

g) Përzieni kremin e trashë dhe gatuajeni edhe për 5 minuta të tjera.

h) Shërbejeni salcën Prosecco Bolognese mbi makaronat e gatuara.

i) Spërkateni me djathë parmixhano të grirë dhe zbukurojeni me gjethe borziloku të freskët.

34. Rizoto me kërpudha Prosecco

PËRBËRËSIT:
- 1 filxhan oriz Arborio
- 4 gota supë perimesh
- 1 filxhan Prosecco
- 2 luge vaj ulliri
- 1 qepë e grirë hollë
- 8 ons kërpudha, të prera në feta
- 2 thelpinj hudhre, te grira
- $\frac{1}{4}$ filxhan djathë parmixhano të grirë
- Kripë dhe piper për shije
- Majdanoz i freskët për zbukurim

UDHËZIME:
a) Në një tenxhere ngrohim lëngun e perimeve dhe Prosecco në zjarr mesatar derisa të nxehet.

b) Në një tigan të madh të veçantë, ngrohni vajin e ullirit mbi nxehtësinë mesatare.

c) Shtoni qepën e grirë në tigan dhe gatuajeni derisa të zbutet.

d) Hidhni kërpudhat e prera në feta dhe hudhrën e grirë dhe gatuajeni derisa kërpudhat të jenë të buta dhe të skuqen pak.

e) Shtoni orizin Arborio në tigan dhe përzieni që të lyhen kokrrat me përzierjen e kërpudhave.

f) Shtoni gradualisht përzierjen e lëngut të nxehtë të perimeve, rreth $\frac{1}{2}$ filxhan në të njëjtën kohë, duke e përzier vazhdimisht derisa çdo shtesë të përthithet përpara se të shtoni më shumë.

g) Vazhdoni këtë proces derisa orizi të jetë gatuar al dente dhe të ketë një konsistencë kremoze.

h) Hidhni djathin parmixhano të grirë dhe rregulloni me kripë dhe piper për shije.

i) Zbukuroni me majdanoz të freskët dhe shërbejeni rizoto me kërpudha Prosecco si një pjatë kryesore të këndshme.

35. Pulë me salcë Pomodoro dhe Prosecco

PËRBËRËSIT:

- 4 gjoks pule pa kocka dhe pa lëkurë
- Kripë dhe piper, për shije
- 2 luge vaj ulliri
- 1 qepë e vogël, e grirë hollë
- 3 thelpinj hudhre, te grira
- 1 kanaçe (14 ons) domate të prera në kubikë
- ½ filxhan Prosecco ose ndonjë verë e bardhë e gazuar
- ¼ filxhan pastë domate
- 1 lugë çaji borzilok të thatë
- 1 lugë çaji rigon të tharë
- ½ lugë çaji sheqer
- ¼ lugë çaji thekon piper të kuq (opsionale, për pak nxehtësi)
- Gjethet e borzilokut të freskët, për zbukurim
- Djathë parmixhano të grirë, për servirje

UDHËZIME:

a) Gjoksët e pulës i rregullojmë me kripë dhe piper nga të dyja anët.

b) Ngrohni vajin e ullirit në një tigan të madh mbi nxehtësinë mesatare-të lartë. Shtoni gjokset e pulës dhe gatuajeni për rreth 5-6 minuta nga çdo anë derisa të marrin ngjyrë kafe dhe të ziejnë. Hiqeni pulën nga tigani dhe lëreni mënjanë.

c) Në të njëjtën tigan, shtoni qepën dhe hudhrën e grirë. Skuqeni për 2-3 minuta derisa qepa të bëhet e tejdukshme dhe hudhra të jetë aromatik.

d) Shtoni në tigan domatet e prera në kubikë, Prosecco-n, pastën e domates, borzilokun e tharë, rigonin e tharë, sheqerin dhe specat e kuq (nëse përdorni). I trazojmë mirë që të bashkohen të gjithë përbërësit.

e) Ulni zjarrin në minimum dhe ziejini salcën për rreth 10-15 minuta, duke lejuar që shijet të bashkohen dhe salca të trashet pak. I rregullojmë me kripë dhe piper shtesë, nëse është e nevojshme.

f) Kthejini gjokset e pulës së gatuar në tigan, duke i futur në salcë. Hidhni me lugë pak salcë sipër pulës.

g) Vazhdoni të zieni pulën në salcë për 5 minuta të tjera, ose derisa pula të nxehet.

h) E zbukurojmë pulën me gjethe borziloku të freskët dhe e spërkasim me djathë parmixhano të grirë.

i) Shërbejeni pulën me salcë Pomodoro dhe Prosecco mbi makarona, oriz ose me bukë kore anash.

36. Brinjë të shkurtra viçi të ziera Prosecco

PËRBËRËSIT:
- 4 brinjë të shkurtra viçi
- Kripë dhe piper për shije
- 2 luge vaj ulliri
- 1 qepë, e grirë
- 2 karota, të prera
- 2 bishta selino, të grira
- 4 thelpinj hudhre, te grira
- 2 gota Prosecco
- 2 gota lëng mishi
- 2 degë trumzë të freskët
- 2 degë rozmarinë të freskët
- 1 gjethe dafine
- Majdanoz i freskët për zbukurim

UDHËZIME:
a) Ngrohni furrën në 325°F (163°C).
b) I rregullojmë brinjët e shkurtra të viçit me kripë dhe piper.
c) Në një furrë të madhe holandeze ose tenxhere të sigurt për furrë, ngrohni vajin e ullirit mbi nxehtësinë mesatare-të lartë.
d) I skuqim brinjët e shkurtra nga të gjitha anët, më pas i heqim nga tenxherja dhe i lëmë mënjanë.
e) Në të njëjtën tenxhere shtoni qepën e grirë, karotat, selinon dhe hudhrën e grirë.
f) Ziejini perimet derisa të zbuten dhe të karamelizohen pak.
g) Hidhni lëngun Prosecco dhe mish viçi dhe lëreni lëngun të ziejë.

h) Shtoni brinjët e shkurtra të skuqura përsëri në tenxhere, së bashku me degëzat e trumzës së freskët, rozmarinës dhe gjethes së dafinës.

i) E mbulojmë tenxheren me kapak dhe e kalojmë në furrën e parangrohur.

j) Ziejini brinjët e shkurtra në furrë për rreth 2-3 orë, ose derisa mishi të zbutet dhe të bjerë nga kocka.

k) Hiqeni tenxheren nga furra dhe hiqni yndyrën e tepërt nga sipërfaqja.

l) Shërbejmë brinjët e shkurtra të viçit të ziera Prosecco me lëngun e zierjes dhe zbukurojmë me majdanoz të freskët.

37. Pulë e pjekur në skarë të marinuar Prosecco

PËRBËRËSIT:
- 4 gjoks pule pa kocka dhe pa lëkurë
- 1 filxhan Prosecco
- ¼ filxhan vaj ulliri
- Lëng nga 1 limon
- 2 thelpinj hudhre, te grira
- 1 lugë gjelle barishte të freskëta të copëtuara (si rozmarina, trumzë ose majdanoz)
- Kripë dhe piper për shije
- Copa limoni për servirje
- Barishte të freskëta për zbukurim

UDHËZIME:
a) Në një tas, përzieni Prosecco-n, vajin e ullirit, lëngun e limonit, hudhrën e grirë, barishtet e freskëta të copëtuara, kripën dhe piperin.

b) Vendosni gjokset e pulës në një qese plastike ose enë të cekët që mbyllet përsëri dhe derdhni sipër tyre marinadën Prosecco.

c) Mbyllni qesen ose mbulojeni enën dhe vendoseni në frigorifer për të paktën 1 orë, ose gjatë natës për shijen më të mirë.

d) Ngrohni grilën në nxehtësi mesatare-të lartë.

e) Hiqni gjoksin e pulës nga marinada, duke lejuar që marinada e tepërt të pikojë.

f) Piqeni pulën në skarë për rreth 6-8 minuta nga çdo anë, ose derisa të gatuhet dhe të mos jetë më rozë në qendër.

g) Hiqeni pulën nga grili dhe lëreni të pushojë për disa minuta.

h) Shërbejeni pulën e pjekur në skarë të marinuar Prosecco me copa limoni dhe zbukurojeni me barishte të freskëta.

ËSHTIRËS

38. Tortë prosecco

PËRBËRËSIT:
PËR tortën:
- 2 ½ filxhan miell për të gjitha përdorimet
- 2 ½ lugë çaji pluhur pjekjeje
- ½ lugë çaji kripë
- 1 filxhan gjalpë pa kripë, i zbutur
- 2 gota sheqer të grimcuar
- 4 vezë të mëdha
- 1 lugë çaji ekstrakt vanilje
- 1 filxhan Prosecco (vere e gazuar)
- ¼ filxhan qumësht

PËR FROSTING KREM PROSECCO:
- 1 ½ filxhan gjalpë pa kripë, i zbutur
- 4 gota sheqer pluhur
- ¼ filxhan Prosecco (verë e gazuar)
- 1 lugë çaji ekstrakt vanilje

Garniturë OPSIONALE:
- Perlat e ngrënshme
- Manaferrat e freskët
- Sheqer i gazuar

UDHËZIME:
PËR tortën:
a) Ngrohni furrën tuaj në 180°C (350°F) dhe lyeni me yndyrë dhe lyeni me miell dy tepsi të rrumbullakët 9 inç për kek.

b) Në një tas mesatar, përzieni miellin, pluhurin për pjekje dhe kripën. Le menjane.

c) Në një tas të madh përzierjeje, kremini së bashku gjalpin e zbutur dhe sheqerin e grimcuar derisa të bëhen të lehta dhe me gëzof.

d) Shtoni vezët një nga një, duke i rrahur mirë pas çdo shtimi. Përzieni ekstraktin e vaniljes.

e) Gradualisht shtoni përbërësit e thatë në përzierjen e gjalpit, duke alternuar me Prosecco, duke filluar dhe duke përfunduar me përbërësit e thatë. Përziejini vetëm derisa të kombinohen.

f) Hidhni qumështin dhe përzieni derisa masa të jetë e qetë.

g) Ndani brumin në mënyrë të barabartë midis taveve të përgatitura për kekun, duke i lëmuar majat me një shpatull.

h) Piqini në furrën e nxehur më parë për afërsisht 25-30 minuta ose derisa një kruese dhëmbësh e futur në qendër të ëmbëlsirave të dalë e pastër.

i) I heqim keket nga furra dhe i leme te ftohen ne tepsi per 10 minuta. Më pas, transferojini në një raft teli që të ftohen plotësisht.

PËR FROSTING KREM PROSECCO:

j) Në një tas të madh, rrihni gjalpin e zbutur derisa të bëhet krem dhe i butë.

k) Shtoni gradualisht sheqerin pluhur, një filxhan në një herë, duke e rrahur mirë pas çdo shtimi.

l) Përzieni ekstraktin Prosecco dhe vanilje dhe vazhdoni të rrihni derisa kremja të jetë e lehtë dhe me gëzof.

KUVENDI:

m) Vendosni një shtresë keku në një pjatë servirjeje ose në një tavë për torta. Përhapeni në mënyrë të barabartë një sasi të madhe të kremës së gjalpit Prosecco.

n) Vendosni sipër shtresën e dytë të tortës dhe lyeni të gjithë tortën me kremin e mbetur të kremës së gjalpit Prosecco, duke përdorur një shpatull ose zbutës për kek për të krijuar një përfundim të qetë.

o) Opsionale: Zbukuroni tortën me perla të ngrënshme, manaferra të freskëta ose një spërkatje me sheqer të gazuar për më shumë elegancë dhe tërheqje vizuale.

p) Pritini dhe shërbejeni tortën Prosecco, duke shijuar shijet delikate dhe prekjen festive të Prosecco.

39. Prosecco Cheese Fondue

PËRBËRËSIT:
- 1 filxhan djathë Gruyere i grirë
- 1 filxhan djathë Emmental i grirë
- 1 lugë niseshte misri
- 1 filxhan Prosecco
- 1 thelpi hudhër, e grirë
- 1 lugë gjelle lëng limoni
- Piper i zi i sapo bluar
- Dippers të ndryshme (të tilla si kube buke, feta molle ose perime)

UDHËZIME:
a) Në një enë hidhni Gruyere të grirë dhe djathin Emmental me niseshte misri derisa të lyhen.
b) Në një tenxhere fondue ose një tenxhere, ngrohni Prosecco-n në nxehtësi mesatare derisa të nxehet, por jo të vlojë.
c) Gradualisht shtoni përzierjen e djathit të grirë në Prosecco-n e nxehtë, duke e përzier vazhdimisht derisa të shkrihet dhe të jetë homogjene.
d) Hidhni hudhrën e grirë dhe lëngun e limonit.
e) Sezoni me piper të zi të sapo bluar për shije.
f) Transferoni fondue me djathë Prosecco në një tenxhere për ta mbajtur të ngrohtë.
g) Shërbejeni me dippers të ndryshëm për një rostiçeri argëtuese dhe interaktive të mbushur me Prosecco.

40. Prosecco Granita

PËRBËRËSIT:

- 2 gota Prosecco
- $\frac{1}{4}$ filxhan sheqer
- Lëng nga 1 limon
- Gjethet e freskëta të nenexhikut për zbukurim

UDHËZIME:

a) Në një tenxhere ngrohim Prosecco-n dhe sheqerin në zjarr mesatar derisa sheqeri të tretet.
b) Hiqeni tenxheren nga zjarri dhe përzieni lëngun e limonit.
c) Hidheni përzierjen Prosecco në një enë të cekët, të sigurt për ngrirje.
d) E vendosim enën në frigorifer dhe e lëmë të qëndrojë për rreth 1 orë.
e) Pas 1 ore, përdorni një pirun për të grirë dhe pushuar përzierjen pjesërisht të ngrirë.
f) Kthejeni enën në ngrirje dhe përsërisni procesin e gërvishtjes çdo 30 minuta për rreth 3-4 orë, derisa granita të ketë një strukturë të butë dhe të akullt.
g) Shërbejeni granitën Prosecco në enë ose gota ëmbëlsirash, të zbukuruar me gjethe menteje të freskëta për një trajtim të freskët dhe freskues.

41. Pjeshkë dhe Prosecco Pavlova

PËRBËRËSIT:
- 4 te bardha veze
- 1 filxhan sheqer pluhur
- 1 lugë çaji uthull të bardhë
- 1 lugë çaji niseshte misri
- 1 filxhan krem pana
- 2 pjeshkë të pjekura, të prera në feta
- ½ filxhan Prosecco

UDHËZIME:
a) Ngrohni furrën në 300°F (150°C). Rreshtoni një fletë pjekjeje me letër pergamene.
b) Rrihni të bardhat e vezëve derisa të formohen maja të forta. Gradualisht shtoni sheqer, një lugë gjelle në një kohë, duke e rrahur mirë pas çdo shtimi.
c) Shtoni uthull dhe niseshte misri dhe rrihni derisa të kombinohen.
d) Hidheni përzierjen me lugë në fletën e përgatitur për pjekje për të formuar një rreth 8 inç (20 cm).
e) Duke përdorur një shpatull, krijoni një pus në qendër të pavlovës.
f) Piqeni për 1 orë ose derisa pavlova të jetë e freskët nga jashtë dhe e butë nga brenda.
g) Lëreni të ftohet plotësisht.
h) Sipër pavlovës lyeni krem pana. Shtoni pjeshkët e prera në feta dhe spërkatini me Prosecco.

42. Pana cotta shampanjë me manaferrat

PËRBËRËSIT:
PANNA KOTA VANILJE
- 1 ¼ filxhan gjysmë e gjysmë
- 1 ¾ filxhani krem i trashë
- 2 lugë çaji xhelatinë pa aromë
- 45 gram sheqer të grimcuar
- Një majë kripë
- 1 ½ lugë çaji ekstrakt vanilje

PELTE ME VERE TE SHUMËL
- 2 gota shampanjë, prosecco ose verë të gazuar
- 2 lugë çaji xhelatinë
- 4 lugë çaji sheqer të grimcuar

UDHËZIME:
PANNA KOTA VANILJE
a) Hidhni 2 lugë gjelle nga gjysma e gjysmë në një filxhan të vogël dhe spërkatni sipër xhelatinën në mënyrë të barabartë që të lulëzojë.

b) Pjesa tjetër e qumështit, sheqerit dhe kripës vendoseni në një tenxhere në zjarr të ulët, por mos e lini të ziejë. Nëse ndodh, hiqeni menjëherë nga zjarri. Mbani një kujdes të vazhdueshëm mbi të pasi mund të vlojë shumë shpejt.

c) I trazojmë derisa sheqeri të tretet plotësisht.

d) Shtoni kremin dhe përzieni derisa të përfshihet plotësisht.

e) Hidhni në të xhelatinën e lulëzuar. Mos e lini të vlojë.

f) Hiqni zjarrin.

g) Shtoni ekstrakt vanilje.

h) Përziejeni butësisht derisa masa të arrijë në temperaturën e dhomës.

i) Hidheni përzierjen në gota të gjata ose gota të gjata flauti. Përpara se ta derdhni në çdo gotë të re, përzieni butësisht përzierjen që të mos ndahet.

j) Vendoseni në një enë hermetike në frigorifer për tu vendosur përpara se të shtoni pelte shampanje sipër. Përafërsisht 2-4 orë.

PELTE ME VERE TE SHUMËL

k) Hidhni 2 lugë verë të gazuar në një filxhan dhe spërkatni sipër xhelatinë që të lulëzojë.

l) Vendosni sheqerin dhe Prosecco në një tigan të vogël dhe ngrohni në zjarr të ulët.

m) Pasi sheqeri të jetë tretur, shtoni xhelatinë të lulëzuar duke e trazuar. Mos e lini të vlojë.

n) Pasi të ftohet në temperaturën e dhomës. Hidhni sipër panën e vendosur. Përziejeni lehtë përzierjen përpara se ta derdhni në çdo gotë.

o) Sapo pelte të ngjitet, menjëherë përpara se ta servirni, vendosni sipër me butësi disa kokrra të vogla sipas dëshirës tuaj. Mbushni pjesën tjetër të gotës me shampanjë. Rrotulloni gotën përreth për të lënë lëngjet e manave të dalin. Xhami i flautit tani do të ketë tre shtresa të ndryshme ngjyrash.

43. Sherbeti shampanjë me luleshtrydhe

PËRBËRËSIT:

- 4 gota luleshtrydhe të freskëta, të lara dhe të prera
- 1 ½ filxhan shampanjë ose proseko
- ⅓ filxhan sheqer të grimcuar

UDHËZIME:

a) Shtoni të gjithë përbërësit në një blender dhe përziejeni derisa të jetë homogjene.

b) Transferoni përzierjen në një prodhues akulloreje dhe përzieni sipas udhëzimeve të prodhuesit.

c) Hani menjëherë ose transferojeni në një enë rezistente ndaj ngrirjes për të ftohur derisa të forcohet.

44. Luleshtrydhe & Prosecco Pate de Fruit

PËRBËRËSIT:
- 2 gota sheqer të grimcuar
- ¾ filxhan pure luleshtrydhe
- 1-¼ filxhane salce molle pa sheqer
- 1 lugë çaji lëng limoni
- 4 lugë çaji pektin pluhur
- 4-½ lugë çaji prosecco

UDHËZIME:
a) Rreshtoni një tavë katrore 8 me 8 inç me dy copa letre pergamene të kryqëzuara. Më duket e dobishme përdorimi i kapëseve të rrobave për t'u siguruar që letra të mbetet e vendosur.

b) Në një tenxhere të thellë 3 litra, kombinoni sheqerin, purenë e luleshtrydheve, salcën e mollës, lëngun e limonit dhe pektinën.

c) Lëreni të vlojë mbi nxehtësinë mesatare, duke e përzier shpesh me një shpatull rezistent ndaj nxehtësisë ose lugë druri.

d) Pasi përzierja të jetë gatuar për rreth 10 minuta, vendosni me kujdes një termometër karamele. Në këtë pikë, duhet të përzieni vazhdimisht për të mos djegur fundin e tiganit.

e) Gatuani derisa termometri të arrijë 225F. Fikni zjarrin dhe përzieni verën e kuqe.

f) Fikni zjarrin dhe përzieni verën e kuqe, më pas derdhni menjëherë shurupin në tiganin e përgatitur.

g) Lëreni të qëndrojë për 4-8 orë derisa të piqet.

h) Spërkateni bujarisht një dërrasë prerëse me sheqer të grimcuar dhe më pas hidhni pate de fruta në dërrasën e prerjes.

i) Qëroni butësisht letrën e pergamenës. Do të jetë ngjitëse, kështu që punoni nga një cep dhe qëroni ngadalë.

j) Duke përdorur një thikë të madhe të mprehtë, prisni karamele në shirita një inç dhe më pas copa një inç. Ju do të duhet të lani dhe thani thikën midis prerjeve.

k) Lyejeni kuadratet e frutave me më shumë sheqer.

l) Ruani në një enë hermetike me pergamenë midis shtresave.

45. Rrushi Prosecco Vodka

PËRBËRËSIT:
- 16 ons rrush të kuq pa fara
- 16 ons rrush jeshil pa fara
- Prosko 750 ml
- 6 ons vodka
- ⅓ filxhan sheqer të grimcuar

UDHËZIME:
a) Lani dhe thajeni rrushin, më pas shtoni në një tas të madh.
b) Hidhni Prosecco dhe vodka sipër rrushit dhe vendoseni në frigorifer gjatë natës.
c) Kullojeni dhe fshijini lehtë rrushin me një peshqir letre duke i lënë të lagur. Shënim: rreshtimi i një fletë pjekjeje me peshqir letre dhe lëkundja e tyre përpara dhe mbrapa është një mënyrë e shpejtë për t'i tharë lehtë ato.
d) Përhapeni në një shtresë të barabartë në një fletë pjekjeje dhe spërkatni me sheqer. Hidheni butësisht në shtresë.

46. Mjaltë me infuzion proseko

PËRBËRËSIT:
- 4 pjeshkë të pjekura, të qëruara dhe të prera në feta
- 1 luge sheqer
- 1 filxhan Prosecco ose ndonjë verë e bardhë e gazuar
- Gjethet e freskëta të nenexhikut për zbukurim (opsionale)
- Akullore me vanilje ose krem pana (opsionale)

UDHËZIME:
a) Në një tas bashkojmë pjeshkët e prera në feta, sheqerin dhe Prosecco-n. Hidheni butësisht për të veshur pjeshkët në mënyrë të barabartë. Lëreni përzierjen të qëndrojë për rreth 10-15 minuta për të lejuar që shijet të bashkohen.

b) Ndani pjeshkët dhe përzierjen e Prosecco-s në tasa për servirje ose gota ëmbëlsire.

c) Nëse dëshironi, shtoni pjeshkët me një lugë akullore vanilje ose një kukull krem pana.

d) Nëse dëshironi, zbukurojeni me gjethe nenexhiku të freskët.

e) Shërbejeni menjëherë ëmbëlsirën me Pjeshkë dhe Prosecco dhe shijoni kombinimin e lezetshëm të shijeve.

47. Prosecco rozë ariu gomë s

PËRBËRËSIT:
- Prosecco 200 ml
- 100 g Sheqer
- Xhelatinë e mjaftueshme për të krijuar rreth pesë herë më shumë lëngje se sa keni

UDHËZIME:
a) Hedhim Prosecco-n dhe sheqerin në një tigan dhe i ngrohim butësisht në zjarr të ulët derisa sheqeri të tretet.

b) Shtoni pluhurin e xhelatinës në tigan pak nga pak dhe duke e trazuar vazhdimisht, ngrohni lëngun shumë, shumë ngadalë, ndërsa sheqeri dhe xhelatina shkrihen në Prosecco - sa më ngadalë ta ngrohni përzierjen, aq më shumë gaz do të shijoni në arinjtë e përfunduar. .

c) Pasi të jetë tretur e gjitha, hiqeni tiganin nga zjarri dhe shtoni disa pika ngjyrues rozë në tigan. Përziejini derisa lëngu të jetë rozë - bëra një grumbull me këtë dhe një pa dhe grupi me ngjyrosjen e ushqimit u vendos shumë më mirë për disa arsye të çuditshme.

d) Më pas, mund të filloni të mbushni kallëpet tuaja të ariut, të cilat janë më të lehta për t'u thënë sesa për t'u bërë, nëse nuk i keni marrë kallëpet që vijnë me shiringë, pasi ato janë kaq të vogla dhe lehtë derdhen nëse derdhni lëngun. Gjeta se mënyra më e mirë për ta bërë këtë ishte të përdorja lugët e mia matëse - më e vogla është e përkryer për mbushjen e kallëpeve.

e) Lëreni të qëndrojë në frigorifer për disa orë - mundësisht gjatë natës.

48. Sallatë frutash mimoza

PËRBËRËSIT:
- 3 kivi, të qëruara dhe të prera në feta
- 1 filxhan manaferra
- 1 filxhan boronica
- 1 filxhan luleshtrydhe, të prera në katër pjesë
- 1 filxhan ananas, i prerë në copa të vogla
- 1 filxhan Prosecco, i ftohur
- ½ filxhan lëng portokalli të freskët të shtrydhur
- 1 lugë mjaltë
- ½ filxhan nenexhik të freskët

UDHËZIME:
a) Në një tas të madh, kombinoni të gjitha frutat.
b) Hidhni Prosecco-n, lëngun e portokallit dhe mjaltin mbi frutat dhe i hidhni me kujdes që të bashkohen.
c) E zbukurojmë me nenexhik dhe e shërbejmë.

49. Prosecco Macarons

PËRBËRËSIT:
PËR MBUSHJE:
- ½ filxhan krem i trashë, i ndarë
- ½ filxhan Prosecco
- 2 lugë niseshte misri
- 2 lugë sheqer të grimcuar
- 1 vezë e plotë
- 2 te verdha veze
- 2 lugë gjalpë pa kripë
- 1 lugë çaji ekstrakt vanilje

PËR GOACAT E MAKARONËS:
- 100 gram miell bajamesh
- 1 filxhan sheqer pluhur
- lëkura e një portokalli
- 3 te bardha veze
- ⅛ lugë çaji krem tartar
- ¼ filxhan + 2 lugë çaji sheqer të imët
- Ngjyrosje ushqimore me xhel rozë dhe të verdhë limoni (opsionale)

UDHËZIME:
BËNI MBUSHJES:
a) Në një tas, kombinoni ¼ filxhan krem me niseshte misri, të verdhat dhe vezën e plotë; le menjane.
b) Në një tenxhere të vogël bashkojmë kremin e mbetur, Prosecco-n dhe sheqerin e grirë dhe e vendosim në zjarr mesatar.
c) Kur masa të fillojë të ziejë, shtoni një të tretën e saj në përzierjen e vezëve, duke e trazuar fuqishëm.
d) Hidheni përsëri përzierjen e ngrohur të vezëve në tenxhere dhe gatuajeni në zjarr të ulët derisa të trashet.

e) Hiqeni nga zjarri dhe përzieni gjalpin e pakripur dhe ekstraktin e vaniljes.

f) Kullojeni përzierjen përmes një sitë me rrjetë të imët në një tas të sigurt ndaj nxehtësisë, mbulojeni sipërfaqen me mbështjellës plastik dhe ftohuni në frigorifer.

BËJNI GOACAT E MAKARONËS:

g) Shosh miellin e bajameve dhe sheqerin pluhur së bashku, hidhni pjesët e mëdha dhe shtoni lëkurën e portokallit në përzierje.

h) Në një tas të veçantë, rrihni të bardhat e vezëve derisa të bëhen shkumë, më pas shtoni kremin e tartarit dhe vazhdoni të rrihni derisa të formohen maja të buta.

i) Ngadalë shtoni sheqerin tepër të imët duke vazhduar të rrihni të bardhat e vezëve.

j) Ngjyrosni përzierjen me ngjyrosje ushqimore rozë rozë dhe xhel të verdhë limoni nëse dëshironi.

k) Rrihni përzierjen derisa të arrihen maja të forta.

l) Palosni butësisht përzierjen e bajameve në të bardhat e vezëve të rrahura derisa brumi të bjerë nga shpatula në një fjongo të gjatë.

m) Transferojeni brumin në një qese tubacioni të pajisur me një majë të vogël të rrumbullakët dhe gyponi raunde me diametër një inç në një fletë pjekjeje të veshur me pergamenë.

n) Ngrohni furrën në 375 gradë F (190 gradë C).

o) Lërini lëvozhgat e makaronës të thahen dhe të formojnë një cipë/lëkurë të hollë për rreth 20-30 minuta.

p) Uleni temperaturën e furrës në 325 gradë F (163 gradë C) dhe piqni lëvozhgat e makaronave për 12-15 minuta.

q) Ftoheni lëvozhgat në fletën e pjekjes.

MBLEDHNI MAKARONËT:

r) Pasi lëvozhgat të jenë ftohur, futni rreth dy lugë çaji nga mbushja e ftohur në gjysmën e lëvozhgave.
s) Sandwich mbushjen me lëvozhgat e mbetura.

50. Akullore Prosecco

PËRBËRËSIT:

- 2 gota + 2 lugë qumësht të plotë
- 1 ¼ filxhan krem të rëndë
- 2 lugë shurup misri
- ½ filxhan sheqer të bardhë të grimcuar
- 1 lugë çaji kripë kosher
- 1 ½ lugë gjelle niseshte misri
- 1 lugë çaji ekstrakt vanilje
- ½ lugë çaji ekstrakt portokalli
- 2 luge gjelle lekure portokalli
- ⅓ filxhan Prosecco

UDHËZIME:

a) Në një tenxhere prej 4 litra, rrihni 2 gota qumësht, kremin e trashë, shurupin e misrit, sheqerin dhe kripën. Lëreni të vlojë mbi nxehtësinë mesatare. Shikoni nga afër dhe përzieni shpesh.

b) Në një tas të veçantë, rrihni së bashku niseshtën e misrit dhe 2 lugë qumësht të rezervuar derisa të jenë të lëmuara. Vendoset në tenxhere.

c) Ndërsa përzierja vjen në një valë të ulët, përzieni për të siguruar që i gjithë sheqeri të tretet. Lëreni përzierjen të ziejë ngadalë për 2 minuta. Më pas hiqeni nga zjarri dhe përzieni përzierjen e niseshtës së misrit. E kthejmë në nxehtësi dhe e përziejmë derisa masa të fryjë gjatë gjithë kohës.

d) Hiqeni nga zjarri dhe përzieni vaniljen, ekstraktin e portokallit dhe lëkurën e portokallit. Lëreni të ftohet në temperaturën e dhomës, për rreth 20 minuta. Më pas hidheni në një enë hermetike përmes një sitë për të hequr çdo gunga dhe çdo lëvore.

e) Ftoheni të paktën 6 orë.

f) Kur baza e akullores të jetë ftohur, hiqeni nga frigoriferi dhe hidheni në aparatin e akullores. Mbi bazën e akullores shtoni Prosecco- n.

g) Ndiqni udhëzimet me prodhuesin tuaj pasi ato mund të ndryshojnë në varësi të prodhuesit. Fusni lopën dhe lëreni derisa të trashet. Me një shtojcë akulloreje KitchenAid, kjo zgjat rreth 25-30 minuta.

h) Kur akullorja të jetë përvëluar, vendoseni në një enë frigoriferike hermetike. Ngrijeni për 4-6 orë përpara se ta shijoni për t'u siguruar që të jetë në një konsistencë të mirë.

51. Sallatë frutash Prosecco

PËRBËRËSIT:

- 3 kivi, të qëruara dhe të prera në feta
- 1 filxhan manaferra
- 1 filxhan boronica
- 1 filxhan luleshtrydhe, të prera në katër pjesë
- 1 filxhan ananas, i prerë në copa të vogla
- 1 filxhan Prosecco, i ftohur
- ½ filxhan lëng portokalli të freskët të shtrydhur
- 1 lugë mjaltë
- ½ filxhan nenexhik të freskët

UDHËZIME:

d) Në një tas të madh, kombinoni të gjitha frutat.

e) Hidhni Prosecco-n, lëngun e portokallit dhe mjaltin mbi frutat dhe i hidhni me kujdes që të bashkohen.

f) E zbukurojmë me nenexhik dhe e shërbejmë.

52. Tortë mëngjesi me boronicë - Prosecco

PËRBËRËSIT:
- Spërkatje gatimi
- 1 filxhan (2 shkopinj) gjalpë pa kripë, i zbutur
- 1 ¾ filxhan (350 g) sheqer të grirë, të ndarë, plus më shumë për servirje
- 2 luge gjelle lekure portokalli te grira imet
- 2 vezë të mëdha
- 2 te verdha veze te medha
- 4 gota (480 g) miell keku
- 2 ½ lugë çaji pluhur pjekjeje
- 1 lugë çaji kripë kosher
- ½ lugë çaji sodë buke
- 1 filxhan lëng portokalli të freskët (nga rreth 2 portokall të mëdhenj kërthizë)
- ½ filxhan kos të thjeshtë grek
- ½ filxhan Brut Prosecco
- 12 ons boronica të freskëta ose të ngrira (rreth 3 gota), të ndara

Udhëzime:
a) Ngrohni furrën në 350°F (175°C). Lyejeni një tavë pjekjeje 13"x9" me llak gatimi. Rreshtoni tavën me letër furre, duke lënë një mbingarkesë 2" në të dyja anët e gjata dhe më pas lyeni pergamenën me llak gatimi.

b) Në tasin e madh të një mikseri të pajisur me shtojcën e lopatës (ose në një tas të madh duke përdorur një mikser dore), rrihni gjalpin e zbutur dhe 1 ½ filxhan sheqer të grimcuar me shpejtësi mesatare-të lartë derisa të bëhet i lehtë dhe me gëzof, rreth 5 minuta. Skuqni anët e tasit sipas nevojës. Shtoni 1 lugë gjelle lëvore portokalli dhe rrihni me shpejtësi mesatare-të ulët derisa të kombinohen. Shtoni vezët dhe të verdhat e vezëve, një nga një, duke i rrahur që të përzihen pas çdo shtimi.

c) Në një tas mesatar, përzieni miellin e kekut, pluhurin për pjekje, kripën kosher dhe sodën e bukës. Shtoni gjysmën e përbërësve të thatë në përzierjen e gjalpit dhe rrihni me shpejtësi të ulët derisa të bashkohen. Shtoni lëngun e freskët të portokallit dhe kosin grek dhe rrihni me shpejtësi mesatare derisa të përfshihet pjesa më e madhe e lëngut. Shtoni brut Prosecco dhe përbërësit e mbetur të thatë dhe rrihni me shpejtësi të ulët derisa të përfshihen; është në rregull nëse ka disa gunga të vogla. Fërkoni pjesën e poshtme të tasit për t'u siguruar që nuk ka njolla të thata. Palosni 2 gota me boronicë.

d) Derdhni brumin në tavën e përgatitur dhe spërkatni sipër 1 filxhan boronicë të mbetur. Në një tas të vogël, bashkoni $\frac{1}{4}$ filxhan sheqer dhe 1 lugë gjelle lëvore portokalli. Spërkateni këtë përzierje sipër brumit.

e) Piqni tortën derisa të marrë ngjyrë kafe të artë dhe një testues i futur në qendër të dalë i pastër, afërsisht 50 deri në 55 minuta.

f) Lëreni tortën të ftohet dhe më pas spërkateni me sheqer dhe lëkurë portokalli përpara se ta shërbeni.

53. Tortë klasike Prosecco

PËRBËRËSIT:

Ëmbëlsira me pandispanje:
- 1 ¼ filxhan (250 g) sheqer
- 1 ¼ filxhan (140 g) miell për të gjitha përdorimet (00)
- ¾ filxhan (120 g) niseshte patate
- 8 vezë, në temperaturë ambienti
- 2 fasule vanilje
- 1 majë kripë e imët

Krem pastiçerie (PER 30 ons / 850 G):
- 5 te verdha veze
- 1 filxhan (175 g) sheqer
- 2 gota (500 ml) qumësht të plotë
- ½ filxhan (125 ml) krem i trashë
- 7 lugë gjelle (55 g) niseshte misri
- 1 fasule vanilje

KREM CHANTILLY:
- ½ filxhan (100 ml) krem i trashë
- 2 ½ lugë gjelle (10 g) sheqer pluhur

SHURUP LIKEUR:
- 0,6 filxhan (130 g) ujë
- 0,3 filxhan (75 g) sheqer
- 0,3 filxhan (70 g) liker Grand Marnier
- Për të dekoruar:
- Sheqer pluhur (për shije)

UDHËZIME:
PËRGATITJA E pandispanjave:
a) Ngrohni furrën në 325°F (160°C) në gjendje statike. Lyejmë dhe lyejmë me miell dy tepsi për kek me diametër 8" (20 cm).

b) Në një mikser, hapni vezët, shtoni farat e vaniljes dhe pak kripë dhe ngadalë shtoni sheqerin. Rrihni me shpejtësi mesatare për rreth 15 minuta derisa vezët të trefishohen në vëllim dhe të bëhen të lëngshme dhe kremoze.

c) Shosh miellin dhe niseshtenë e patates së bashku. Palosni butësisht pluhurin në përzierjen e vezëve me lëvizje lart duke përdorur një shpatull derisa të jetë homogjen.

d) Ndani brumin në mënyrë të barabartë midis dy tave për ëmbëlsira. Piqeni në furrën e parangrohur në raftin e poshtëm për rreth 50 minuta ose derisa një kruese dhëmbësh të dalë e pastër.

e) Lërini ëmbëlsirat të ftohen plotësisht në tepsi përpara se t'i hiqni. Më pas transferojeni në një raft ftohës për të përfunduar ftohjen.

f) Përgatitja e Kremit Diplomatik:

g) Për kremin e pastiçerisë, ngrohni qumështin, ajkën e trashë dhe kokrrën e vaniljes (të hapura) në një tigan derisa pothuajse të vlojnë.

h) Në një tas të veçantë, rrihni të verdhat e vezëve me sheqerin dhe farat e vaniljes. Shoshni niseshtenë e misrit në përzierje dhe përzieni.

i) Hiqni kokrrën e vaniljes nga përzierja e qumështit dhe hidhni ngadalë një lugë qumësht të nxehtë në përzierjen e të verdhës së vezës, duke e trazuar me një kamxhik që të tretet.

j) Hidhni gjithçka përsëri në tiganin me qumësht të nxehtë dhe gatuajeni në zjarr të ulët, duke e përzier vazhdimisht, derisa të trashet. E kalojmë kremin e pastiçerisë në një enë kundër furrës, e mbulojmë me mbështjellës dhe e lëmë të ftohet plotësisht.

k) Në një enë të veçantë rrihni kremin e freskët me sheqer pluhur derisa të rrahet mirë. Tek kremi i pastiçerise i ftohur shtojme nje luge krem pana dhe e perziejme fort. Më pas hidhni butësisht kremin e mbetur të rrahur. Mbulojeni me mbështjellës plastik dhe vendoseni në frigorifer për rreth 30 minuta që të qëndrojë.

PËRGATITJA E SHURUPIT :
l) Në një tenxhere, kombinoni ujin, sheqerin dhe likerin Grand Marnier. Ngroheni dhe përzieni derisa të shkrihet sheqeri. Lëreni shurupin të ftohet.

Montimi i tortës:

m) Prisni koren e jashtme nga të dy pandispanjat, duke lënë vetëm pjesën më të lehtë për të reduktuar mbetjet.

n) Merrni një pandispanje dhe e prisni në tre shtresa uniforme.

o) E vendosim shtresën e parë në një pjatë servirjeje dhe e njomim me shurupin.

p) Përhapeni rreth ¼ e kremit diplomatik të ftohur mbi shtresën e lagur.

q) Përsëriteni me shtresën e dytë, shurupin dhe kremin. Më pas shtoni shtresën e fundit dhe njomni me shurupin e mbetur.

r) Mbuloni pjesën e sipërme dhe anët e tortës me kremin e mbetur të ftohur.

s) Pandispanjen e dytë e presim në feta vertikale dhe më pas në kubikë të vegjël.

t) Vendosni kubat e pandispanjës në të gjithë sipërfaqen e tortës, duke përfshirë skajet.

u) Vendoseni tortën në frigorifer për disa orë përpara se ta shërbeni.

v) Pyejeni tortën klasike Prosecco me sheqer pluhur përpara se ta shërbeni.

RUAJTJA:

w) Torta e montuar Prosecco mund të ruhet në frigorifer deri në 3-4 ditë. Pandispanja vetëm mund të ruhet për 2 ditë e mbështjellë në mbështjellës plastik ose e ngrirë deri në 1 muaj. Kremi mund të ruhet edhe për 2-3 ditë në frigorifer.

54. Prosecco Cupcakes

PËRBËRËSIT:

- 1 kuti perzierje keku me vanilje
- 1 ¼ filxhan Prosecco, të ndarë
- ⅓ filxhan vaj vegjetal
- 3 vezë të mëdha
- 2 lugë çaji lëvore portokalli, të ndara
- 1 filxhan (2 shkopinj) gjalpë, i zbutur
- 4 gota sheqer pluhur
- 1 lugë çaji ekstrakt i pastër vanilje
- Një majë kripë kosher
- Sheqer lëmues ari
- Copë portokalli, për zbukurim

UDHËZIME:

a) Ngrohni furrën në 350°F dhe vendosni dy tepsi për kek me veshje për kek.

b) Në një tas të madh, përzieni përzierjen e kekut me vanilje me 1 filxhan Prosecco, vaj vegjetal, vezë dhe 1 lugë çaji lëvore portokalli.

c) Piqni cupcakes sipas udhëzimeve të paketimit.

d) Lërini cupcakes të ftohen plotësisht përpara se të ngrini brymë.

e) Ndërkohë përgatisim kremin Prosecco: Në një tas të madh, duke përdorur një mikser dore, rrahim gjalpin e zbutur derisa të bëhet i lehtë dhe me gëzof.

f) Shtoni 3 gota sheqer pluhur dhe rrihni derisa të mos mbeten gunga.

g) Përzieni ¼ filxhanin e mbetur të Prosecco, ekstraktin e pastër të vaniljes, pjesën e mbetur të lugës së çajit me lëkurë portokalli dhe pak kripë. Rrihni derisa të kombinohen mirë.

h) Shtoni 1 filxhan sheqer pluhur të mbetur dhe rrihni derisa bryma të jetë e lehtë dhe me gëzof.
i) Fry cupcakes ftohur me një shpatull offset.
j) Zbukuroni çdo kek të vogël me një spërkatje sheqeri floriri dhe një copë portokalli të vogël.

55. Tortë Prosecco me portokall gjaku

PËRBËRËSIT:
- 1 ½ filxhan (3 shkopinj) gjalpë pa kripë, temperaturë dhome
- 2 ¾ gota sheqer të grimcuar
- 5 vezë të mëdha, në temperaturë dhome
- 3 gota miell keku të situr
- ½ lugë çaji kripë
- 1 filxhan Moscato rozë ose Prosecco
- 3 lugë lëvore portokalli
- 1 lugë ekstrakt i pastër vanilje

SHURUP I THJESHTE:
- ½ filxhan Moscato rozë ose Prosecco
- ½ filxhan sheqer të grimcuar
- ¼ filxhan lëng të freskët gjaku-portokalli

GLAZER PORTOKALLI:
- 1 ½ filxhan sheqer ëmbëlsirash
- 3 lugë lëng të freskët gjaku-portokalli

UDHËZIME:
a) Ngrohni furrën në 315 gradë F. Spërkatni një tavë Bundt me 10 filxhanë me llak pjekjeje që nuk ngjit.

b) Në tasin e mikserit bashkojmë sheqerin me lëkurën e portokallit. Fërkojeni lëkurën në sheqer derisa të marrë aromë.

c) Shtoni gjalpin dhe kripën në tas dhe kremin së bashku me sheqerin. Rrihni në temperaturë mesatare për 7 minuta derisa gjalpi të bëhet i verdhë i zbehtë dhe me gëzof.

d) Shtoni vezët një nga një, duke i kombinuar mirë pas çdo shtimi dhe duke gërvishtur anët e tasit sipas nevojës.

e) Uleni shpejtësinë në të ulët dhe shtoni ngadalë miellin në dy grupe, duke e përzier derisa të kombinohet. Mos e teproni.

f) Hidhni Moscato dhe përziejini derisa të kombinohen.

g) Derdhni brumin në tavën e përgatitur dhe piqeni për 70-80 minuta, ose derisa një kruese dhëmbësh e futur në qendër të tortës të dalë e pastër.

h) Lëreni tortën të ftohet në tepsi për të paktën 10 minuta përpara se ta përmbysni në një pjatë servirjeje. Lëreni të ftohet në temperaturën e dhomës.

Për shurup të thjeshtë:

i) Në një tenxhere të vogël të vendosur mbi nxehtësinë mesatare, bashkoni të gjithë përbërësit dhe gatuajeni në nxehtësi mesatare-të lartë.

j) Uleni përzierjen me rreth një të tretën derisa të trashet, rreth 5 minuta.

k) Hiqeni nga zjarri dhe lëreni të ftohet plotësisht.

PËR glazurën:

l) Në një tas të vogël, përzieni të gjithë përbërësit derisa të derdhen.

m) Për të mbledhur tortën:

n) Hapni vrima në të gjithë tortën e ftohur me një hell ose pirun.

o) Hidhni shurupin e thjeshtë sipër kekut në mënyrë që të përthithet. Përsëriteni nëse dëshironi.

p) Në fund derdhni glazurën mbi tortë dhe lëreni të qëndrojë për 10 minuta.

q) Shijoni këtë tortë të lezetshme Prosecco me portokall gjaku, e përkryer për festime apo ndonjë rast të veçantë!

56. Prosecco Mousse

PËRBËRËSIT:
- 1 filxhan krem të rëndë
- ¼ filxhan sheqer pluhur
- ¼ filxhan Prosecco
- ¼ filxhan lëng portokalli të freskët
- 1 lugë gjelle lëvore portokalli
- Segmente portokalli të freskët për zbukurim

UDHËZIME:
a) Në një tas të ftohtë, rrihni kremin e trashë derisa të formohen maja të buta.

b) Shtoni gradualisht sheqerin pluhur, Prosecco-n dhe lëngun e freskët të portokallit në kremin e rrahur duke vazhduar rrahjen.

c) Palosni lëkurën e portokallit butësisht.

d) Transferoni moussin Prosecco në gota ose tasa për servirje.

e) Lëreni në frigorifer për të paktën 2 orë për tu vendosur.

f) Zbukuroni çdo shërbim me segmente portokalli të freskët përpara se ta shërbeni.

57. Bare me qumështor Prosecco

PËRBËRËSIT:
PËR KOREN:
- 1 ½ filxhan thërrime graham krisur
- ¼ filxhan sheqer të grimcuar
- ½ filxhan gjalpë pa kripë, i shkrirë

PËR mbushjen e djathit:
- 16 oce krem djathi, i zbutur
- 1 filxhan sheqer të grimcuar
- ¼ filxhan salcë kosi
- ¼ filxhan Prosecco
- ¼ filxhan lëng portokalli të freskët
- 1 lugë gjelle lëvore portokalli
- 3 vezë të mëdha
- 1 lugë çaji ekstrakt vanilje

UDHËZIME:
a) Ngrohni furrën tuaj në 325°F (160°C) dhe vendosni një tavë pjekjeje 9x9 inç me letër pergamene, duke lënë një mbingarkesë në anët.

b) Në një tas mesatar, kombinoni thërrimet e grahamit, sheqerin e grirë dhe gjalpin e shkrirë.

c) Shtypeni masën në fund të tavës së përgatitur për të formuar koren.

d) Në një tas të madh, rrihni kremin e zbutur dhe sheqerin e grirë derisa të bëhet një masë e butë dhe kremoze.

e) Shtoni kosin, Prosecco-n, lëngun e freskët të portokallit dhe lëkurën e portokallit, duke i përzier derisa të bashkohen mirë.

f) Rrihni vezët një nga një, më pas shtoni ekstraktin e vaniljes dhe përziejini derisa të jetë homogjene.

g) Mbushjen e cheesecake-it e hedhim mbi koren në tavën e pjekjes.

h) Piqni në furrën e nxehur më parë për 40-45 minuta ose derisa skajet të jenë vendosur dhe qendra të jetë paksa e lëkundur.

i) Lërini shufrat e cheesecake-it të ftohen plotësisht në tigan, më pas vendosini në frigorifer për të paktën 4 orë përpara se t'i prisni në katrorë dhe t'i shërbeni.

58. Roll torte Prosecco

PËRBËRËSIT:
PËR tortën me pandispanje:
- 4 vezë të mëdha, të ndara
- ¾ filxhan sheqer të grimcuar, të ndarë
- ¼ filxhan Prosecco
- ¼ filxhan lëng portokalli të freskët
- 1 lugë gjelle lëvore portokalli
- 1 filxhan miell keku
- 1 lugë çaji pluhur pjekjeje
- Një majë kripë

PËR MBUSHJE:
- 1 filxhan krem të rëndë
- ¼ filxhan sheqer pluhur
- ¼ filxhan Prosecco
- 1 lugë çaji ekstrakt vanilje
- Segmente portokalli të freskët për zbukurim
- Sheqer pluhur për pluhurosje

UDHËZIME:
PËR tortën me pandispanje:

a) Ngrohni furrën tuaj në 350°F (175°C) dhe lyeni me yndyrë një tepsi pelte 10x15 inç. Rreshtoni tavën me letër furre, duke lënë një mbingarkesë anash.

b) Në një tas të madh, rrihni të verdhat e vezëve me ½ filxhan sheqer të grimcuar derisa të bëhen të lehta dhe me gëzof.

c) Përzieni Prosecco-n, lëngun e freskët të portokallit dhe lëkurën e portokallit derisa të kombinohen mirë.

d) Në një tas të veçantë, përzieni miellin e kekut, pluhurin për pjekje dhe kripën.

e) Gradualisht shtoni përbërësit e thatë tek përbërësit e lagësht, duke e përzier derisa masa të bëhet e qetë.

f) Në një enë tjetër të pastër, rrihni të bardhat e vezëve derisa të bëhen shkumë, më pas shtoni gradualisht ¼ filxhani të mbetur sheqer të grirë duke vazhduar rrahjen.

g) Rrihni të bardhat e vezëve derisa të formohen maja të forta.

h) Palosni butësisht të bardhat e vezëve të rrahura në brumin e tortës derisa të përfshihen plotësisht.

i) Derdhni brumin në tavën e përgatitur me pelte dhe shpërndajeni në mënyrë të barabartë.

j) Piqeni në furrën e nxehur më parë për 12-15 minuta ose derisa torta të rikthehet kur preket lehtë.

k) Ndërsa ëmbëlsira është ende e ngrohtë, nxirreni me kujdes nga tepsia duke përdorur fletën e letrës së pergamenës dhe vendoseni në një sipërfaqe të pastër.

l) Rrokullisni fort tortën e ngrohtë, duke filluar nga fundi i shkurtër, duke përdorur letrën pergamene për të ndihmuar. Lëreni të ftohet plotësisht në formë të mbështjellë.

PËR MBUSHJE:

m) Në një tas të ftohtë, rrihni kremin e trashë derisa të formohen maja të buta.

n) Shtoni gradualisht sheqerin pluhur, Prosecco-n dhe ekstraktin e vaniljes tek kremi i rrahur duke vazhduar rrahjen.

o) Zbërtheni butësisht tortën e ftohur dhe përhapni mbushjen me krem Prosecco në mënyrë të barabartë në sipërfaqe.

p) Rrokullisni përsëri tortën, këtë herë pa letër pergamene dhe vendoseni në një pjatë servirjeje.

q) E zbukurojmë me segmente portokalli të freskët dhe e pudrosim me sheqer pluhur.

r) Pritini në copa roletën e kekut Prosecco dhe shërbejeni.

59. Popsicles Prosecco

PËRBËRËSIT:
- 1 filxhan lëng portokalli të freskët
- ½ filxhan Prosecco
- 2 lugë mjaltë (përshtatet sipas shijes)
- Feta ose segmente të freskëta portokalli

UDHËZIME:
a) Në një enë përzieni lëngun e freskët të portokallit, Prosecco-n dhe mjaltin derisa të bashkohen mirë.
b) Vendosni disa feta ose segmente të freskëta portokalli në kallëpe kokoshkash.
c) Masën e Prosecco-s e derdhim mbi fetat e portokallit në kallëpet e kokoshkave.
d) Futni shkopinjtë e kokoshkave në çdo kallëp.
e) Ngrini kokoshkat për të paktën 4 orë ose derisa të jenë të përziera plotësisht.
f) Hiqni butësisht kokoshkat nga kallëpet dhe shijoni këtë ëmbëlsirë të akullt dhe freskuese të frymëzuar nga Prosecco.

60. Prosecco Granita

PËRBËRËSIT:
- ½ filxhan Sheqer
- 1 ¼ filxhan Prosecco
- 1 lugë gjelle lëng limoni
- 1 filxhan lëng portokalli të saposhtrydhur

UDHËZIME:
a) Në një tas të madh, përzieni lëngun e portokallit dhe sheqerin derisa sheqeri të tretet plotësisht.
b) Përzieni Prosecco-n dhe lëngun e limonit, duke krijuar një përzierje të lezetshme Prosecco.
c) Hidheni përzierjen në dy tabaka akulli dhe vendosini në frigorifer.
d) Lëreni përzierjen të ngrijë derisa të jetë e fortë, gjë që zakonisht zgjat të paktën 2 orë. Për përdorim të mëvonshëm, mund t'i transferoni kubet e ngrira në qese plastike me zinxhir dhe t'i ruani në frigorifer deri në 1 javë.
e) Pak përpara se t'i shërbeni, merrni një shtresë të vetme kubesh të ngrira dhe vendosini në tasin e një përpunuesi ushqimi të pajisur me një teh çeliku.
f) Shtyjeni përzierjen në përpunuesin e ushqimit rreth 10 ose 12 herë, ose derisa të mos mbeten copa të mëdha akulli, duke krijuar një strukturë të bukur granite.
g) Hidhni kristalet Prosecco në enë individuale, gati për t'u shijuar dhe shijuar.
h) Nëse keni nevojë për më shumë porcione, përsërisni procesin me kubet e mbetura të akullit.
i) Shërbejeni Prosecco Granita menjëherë, duke shijuar shijen e saj freskuese dhe frutash.

j) Kjo granitë e lezetshme është një trajtim i përsosur për t'u qetësuar në ditët e ngrohta ose si një mënyrë e këndshme për të festuar momente të veçanta. Kënaquni!'

61. Pjeshkë dhe manaferra në Prosecco

PËRBËRËSIT:
- 2 kilogramë pjeshkë, mundësisht varieteti aromatike me mish të bardhë
- 2/3 filxhan sheqer të grimcuar
- 1 1/2 filxhan Prosecco ose një verë tjetër e bardhë e thatë, e re, me fruta
- 1/2 litër mjedër
- 1/2 litër boronica
- Lëkura e 1 limoni

UDHËZIME:
a) Filloni duke larë pjeshkët, duke i qëruar, duke hequr gropat dhe duke i prerë në copa të trasha afërsisht 1/4 inç. Vendosni pjeshkët e prera në një tas për servirje.

b) Shtoni sheqerin e grirë dhe verën e bardhë (Prosecco ose një verë e bardhë e thatë e ngjashme) në tasin me pjeshkët. Përziejini mirë që të kombinohen.

c) Lani mjedrat dhe boronica dhe shtoni butësisht në tasin me pjeshkët dhe përzierjen e verës.

d) Grini lëvozhgën e hollë dhe të verdhë nga gjysma e një limoni, duke pasur kujdes që të mos përfshini thelbin e bardhë të hidhur. Shtoni lëkurën e limonit në tas.

e) Përzieni butësisht përmbajtjen e tasit duke e kthyer disa herë.

f) Lëreni përzierjen e frutave në frigorifer për të paktën 1 orë përpara se ta shërbeni, ose përgatiteni paraprakisht, madje që në mëngjesin e ditës që planifikoni ta servirni. Kënaquni!

62. Dardha Prosecco Poshe

PËRBËRËSIT:
- 4 dardha të pjekura
- 1 shishe Prosecco
- 1 filxhan sheqer të grimcuar
- 1 fasule vanilje (e ndarë dhe e grirë)

UDHËZIME:
a) Qëroni dardhat duke i lënë bishtat të paprekura.
b) Në një tenxhere të madhe bashkojmë Prosecco-n, sheqerin dhe farat e grira të vaniljes.
c) Shtoni dardhat në tenxhere dhe lëreni masën të ziejë lehtë.
d) Ziejini dardhat për rreth 20-25 minuta, ose derisa të jenë të buta, por jo të skuqura.
e) Hiqni dardhat dhe lërini të ftohen. Vazhdoni të zieni lëngun e zierjes derisa të trashet në një shurup.
f) I servirim dardhat me pak shurup Prosecco.

63. Prosecco Berry Parfait

PËRBËRËSIT:

- 1 filxhan manaferra të përziera (luleshtrydhe, boronica, mjedra)
- 1 filxhan Prosecco
- 1 filxhan kos grek
- 2 lugë mjaltë

UDHËZIME:

a) Përzieni manaferrat dhe Prosecco-n në një tas, duke i lënë të zhyten për rreth 15 minuta.

b) Në gotat e servirjes shtrojini kokrrat e lagura me Prosecco me kos grek.

c) Hidhni mjaltë sipër.

d) Përsëritni shtresat, duke përfunduar me pak mjaltë.

64. Jeli Prosecco dhe Raspberry

PËRBËRËSIT:
- 1 1/2 filxhan Prosecco
- 1/2 filxhan ujë
- 1/2 filxhan sheqer të grimcuar
- 2 lugë xhelatinë me mjedër
- Mjedra të freskëta për zbukurim

UDHËZIME:
a) Në një tenxhere ngrohim Prosecco-n, ujin dhe sheqerin derisa të tretet sheqeri.
b) Hiqeni nga zjarri dhe përzieni xhelatinën e mjedrës.
c) Hidheni përzierjen në gota ose kallëpe individuale për servirje.
d) Ftoheni në frigorifer derisa të vendoset (zakonisht disa orë ose gjatë natës).
e) Dekorojeni me mjedra të freskëta përpara se ta shërbeni.

65. Prosecco dhe Limon Posset

PËRBËRËSIT:

- 2 gota Prosecco
- 1 filxhan krem të rëndë
- 1 filxhan sheqer të grimcuar
- Lëkura dhe lëngu i 2 limonave

UDHËZIME:

a) Në një tenxhere, kombinoni Prosecco, kremin e trashë dhe sheqerin. Ngroheni, duke e trazuar, derisa sheqeri të tretet.

b) Shtoni lëkurën dhe lëngun e limonit, më pas ziejini për 5 minuta.

c) Hidheni masën në gota për servirje dhe vendoseni në frigorifer për disa orë derisa të zihet.

d) Zbukuroni me një lëvore limoni përpara se ta shërbeni.

66. Prosecco Tiramisu

PËRBËRËSIT:

- 1 filxhan Prosecco
- 3 te verdha veze te medha
- 1/2 filxhan sheqer të grimcuar
- 1 filxhan djathë mascarpone
- 1 filxhan krem të rëndë
- 1 lugë ekstrakt vanilje
- 1 pako me gishta
- Pluhur kakao për pluhurosje
- Espresso (opsionale)

UDHËZIME:

a) Në një tas, përzieni të verdhat e vezëve dhe sheqerin derisa të trashet dhe të zbehet.

b) Përzieni djathin mascarpone derisa të jetë homogjen.

c) Në një tas të veçantë, rrihni kremin e trashë dhe ekstraktin e vaniljes derisa të formohen maja të forta.

d) Palosni butësisht kremin e rrahur në masën e mascarpones.

e) Zhytini ladyfingers në Prosecco (dhe ekspres sipas dëshirës) dhe shtrojini në një pjatë servirjeje.

f) Përhapni një shtresë të përzierjes së mascarpone mbi gishtat e zonja.

g) Përsëritni shtresat ladyfinger dhe mascarpone, duke përfunduar me shtresën mascarpone sipër.

h) Lëreni në frigorifer për disa orë ose gjatë natës.

i) Përpara se ta shërbeni, pudrosni me pluhur kakao.

KODIMENTET

67. Prosecco dhe Salsa Pjeshke

PËRBËRËSIT:
- 2 pjeshkë të pjekura, të prera në kubikë
- $\frac{1}{4}$ filxhan qepë të kuqe, të grirë hollë
- $\frac{1}{4}$ filxhan cilantro e freskët, e copëtuar
- Lëng nga 1 lime
- $\frac{1}{4}$ filxhan Prosecco
- Kripë dhe piper për shije
- Patate të skuqura tortilla për servirje

UDHËZIME:
a) Në një tas, kombinoni pjeshkët e prera në kubikë, qepën e kuqe, cilantro, lëngun e limonit dhe Prosecco.
b) I rregullojmë me kripë dhe piper sipas shijes.
c) Përziejini mirë që të bashkohen të gjitha shijet.
d) Lëreni salsën të qëndrojë për rreth 15 minuta në mënyrë që shijet të bashkohen.
e) Shërbejeni salsën Prosecco dhe pjeshke me patate të skuqura tortilla për një rostiçeri freskuese dhe frutash.

68. Prosecco Jelly

PËRBËRËSIT:

- 2 gota Prosecco
- 1 filxhan sheqer
- 1 pako (rreth 1,75 oz) pektin frutash pluhur
- Lëng limoni (opsionale, për aciditet)

UDHËZIME:

a) Në një tenxhere të madhe bashkojmë Prosecco-n dhe sheqerin.
b) I trazojmë në zjarr mesatar derisa sheqeri të tretet.
c) Shtoni pektinën e frutave pluhur dhe përzieni që të përfshihet.
d) Lëreni përzierjen të ziejë dhe gatuajeni për rreth 1 minutë, duke e përzier vazhdimisht.
e) Hiqeni tenxheren nga zjarri dhe hiqni shkumën që mund të jetë krijuar.
f) Nëse dëshironi, shtoni një shtrydhje me lëng limoni për aciditet.
g) Hidheni pelten Prosecco në kavanoza të sterilizuara dhe lëreni të ftohet në temperaturën e dhomës.
h) E ftoh pelten derisa te piqet.
i) E përhapim mbi tost, e shërbejmë me djathë ose e përdorim si glazurë për mish ose perime të pjekura.

69. Mustardë Prosecco

PËRBËRËSIT:
- $\frac{1}{4}$ filxhan fara të verdha sinapi
- $\frac{1}{4}$ filxhan fara mustarde kafe
- $\frac{1}{2}$ filxhan Prosecco
- $\frac{1}{4}$ filxhan uthull vere të bardhë
- 1 lugë mjaltë
- $\frac{1}{2}$ lugë çaji kripë

UDHËZIME:
a) Në një tas bashkoni farat e verdha dhe kafe të sinapit.

b) Në një tas të veçantë, përzieni Prosecco-n, uthullën e verës së bardhë, mjaltin dhe kripën.

c) Përzierjen Prosecco e derdhim mbi farat e sinapit dhe e përziejmë që të bashkohen.

d) Lëreni përzierjen të qëndrojë në temperaturën e dhomës për rreth 24 orë, duke e përzier herë pas here.

e) Transferoni përzierjen në një blender ose procesor ushqimi dhe përzieni derisa të arrihet konsistenca e dëshiruar.

f) Ruani mustardën Prosecco në një enë hermetike në frigorifer.

g) Përdoreni atë si një erëz për sanduiçe, hamburgerë, ose si salcë zhytjeje për gjevrek dhe ushqime.

70. Gjalpë Prosecco

PËRBËRËSIT:
- ½ filxhan gjalpë pa kripë, i zbutur
- 2 lugë Prosecco
- 1 lugë çaji lëvore limoni
- ½ lugë çaji kripë

UDHËZIME:
a) Në një enë bashkojmë gjalpin e zbutur, Prosecco-n, lëkurën e limonit dhe kripën.
b) Përzieni ose përzieni derisa të përzihet mirë dhe të jetë e qetë.
c) Transferoni gjalpin Prosecco në një enë të vogël ose formoni atë në një trung duke përdorur mbështjellës plastik.
d) Lëreni në frigorifer derisa të forcohet.
e) Përdorni gjalpin Prosecco për të lyer biftekët e pjekur në skarë, për të shkrirë mbi perime të pjekura ose për të përhapur mbi bukë të freskët.

71. Gjizë me limon prosecco

PËRBËRËSIT:
- Lëkura e 3 limonave
- 1 filxhan lëng limoni të saposhtrydhur (rreth 4-5 limonë)
- 1 filxhan sheqer të grimcuar
- 4 vezë të mëdha
- $\frac{1}{2}$ filxhan gjalpë pa kripë, të prerë në kubikë
- $\frac{1}{4}$ filxhan Prosecco

UDHËZIME:
a) Në një enë rezistente ndaj nxehtësisë, përzieni lëkurën e limonit, lëngun e limonit, sheqerin dhe vezët derisa të kombinohen mirë.
b) Vendoseni tasin mbi një tenxhere me ujë të zier, duke u kujdesur që fundi i enës të mos prekë ujin. Kjo krijon një instalim të dyfishtë të bojlerit.
c) E gatuajmë masën duke e përzier vazhdimisht me rrahëse ose lugë druri derisa të trashet dhe të mbulojë pjesën e pasme të lugës. Ky proces zakonisht zgjat rreth 10-15 minuta.
d) Pasi masa të jetë trashur, hiqeni enën nga zjarri.
e) Shtoni gjalpin e prerë në kubikë në gjizë dhe përzieni derisa gjalpi të shkrihet dhe të përfshihet plotësisht.
f) Përzieni Prosecco-n derisa të kombinohen mirë.
g) Lëreni gjizën të ftohet për disa minuta, më pas transferojeni në një kavanoz të pastër ose enë hermetike.
h) Mbulojeni kavanozin ose enën me një kapak ose mbështjellës plastik, duke u siguruar që të prekë drejtpërdrejt sipërfaqen e gjizës për të parandaluar formimin e lëkurës.

i) Ftojeni gjizën e limonit Prosecco për të paktën 2 orë, ose derisa të ftohet dhe të vendoset.

j) Gjiza mund të ruhet në frigorifer deri në 2 javë.

72. Prosecco Aioli

PËRBËRËSIT:

- ½ filxhan majonezë
- 1 lugë gjelle Prosecco
- Lëkura dhe lëngu i 1 limoni
- 1 thelpi hudhër, të grirë
- Kripë dhe piper për shije

UDHËZIME:

a) Në një tas të vogël, përzieni majonezën, Prosecco-n, lëkurën e limonit, lëngun e limonit, hudhrën e grirë, kripën dhe piperin.

b) Shijoni dhe rregulloni erëzat nëse është e nevojshme.

c) Mbulojeni tasin dhe vendoseni Prosecco aioli në frigorifer për të paktën 30 minuta për të lejuar që shijet të bashkohen.

d) Shërbejeni aioli si një salcë e shijshme zhytjeje për patate të skuqura, përhapeni në sanduiçe ose përdorni si një majë kremoze për burgerët ose perimet e pjekura në skarë.

73. Mustardë Prosecco Honey

PËRBËRËSIT:

- ¼ filxhan mustardë Dijon
- 2 lugë mjaltë
- 2 lugë Prosecco
- Lëkura dhe lëngu i 1 limoni
- Kripë dhe piper për shije

UDHËZIME:

a) Në një tas, përzieni mustardën Dijon, mjaltin, Prosecco-n, lëkurën e limonit, lëngun e limonit, kripën dhe piperin.

b) Shijoni dhe rregulloni erëzat nëse dëshironi.

c) Mbulojeni enën dhe vendoseni në frigorifer mustardën e mjaltit Prosecco për të paktën 30 minuta përpara përdorimit.

d) Përdorni mustardën e mjaltit si një erëz me shije për sanduiçe dhe hamburgerë, ose si një salcë zhytjeje për tenderat e pulës ose gjevrek.

74. Prosecco Herb Gjalpë

PËRBËRËSIT:

- ½ filxhan gjalpë pa kripë, i zbutur
- 1 lugë gjelle Prosecco
- 1 lugë gjelle barishte të freskëta të copëtuara (si majdanoz, trumzë ose borzilok)
- Lëkura e 1 limoni
- Kripë dhe piper për shije

UDHËZIME:

a) Në një tas, bashkoni gjalpin e zbutur, Prosecco, barishtet e freskëta të copëtuara, lëkurën e limonit, kripën dhe piperin. Përziejini mirë që të përfshihen të gjithë përbërësit.

b) Transferoni gjalpin e aromatizuar në një fletë mbështjellëse plastike dhe formoni atë në një trung ose mbështilleni fort në mbështjellësin plastik.

c) Lëreni gjalpin e bimëve Prosecco në frigorifer për të paktën 1 orë që të forcohet dhe shijet të përzihen.

d) Pritini gjalpin në copa të rrumbullakëta ose përdorni si lyerje për bukë, role ose mish dhe perime të pjekura në skarë. Gjalpi i mbushur me barishte shton një prekje të lezetshme të lezetshme dhe aromatike në pjatat tuaja.

75. Prosecco Salsa Verde

PËRBËRËSIT:

- 1 filxhan gjethe majdanoz të freskët, të copëtuara
- ¼ filxhan gjethe borziloku të freskët, të copëtuara
- 2 lugë kaperi të kulluar dhe të grirë
- 2 thelpinj hudhre, te grira
- 2 lugë qepe të grira hollë
- 2 lugë Prosecco
- Lëkura dhe lëngu i 1 limoni
- ¼ filxhan vaj ulliri
- Kripë dhe piper për shije

UDHËZIME:

a) Në një enë bashkojmë majdanozin e grirë, borzilokun, kaperin, hudhrën e grirë, qepujt, Prosecco, lëkuren e limonit, lëngun e limonit, vajin e ullirit, kripën dhe piperin.
b) I trazojmë mirë që të përzihen të gjithë përbërësit.
c) Shijoni dhe rregulloni erëzat nëse është e nevojshme.
d) Lëreni Prosecco salsa Verde të qëndrojë për të paktën 15-30 minuta për të lejuar që shijet të bashkohen.
e) Shërbejeni salsa verde si një erëz të shijshme për peshk të pjekur në skarë, ose perime të pjekura, ose përdorni atë si një salcë me shije për sallata.

KOKTEJLE

76. Aperol Spritz

PËRBËRËSIT:

- 3 ons prosco
- 2 ons Aperol
- 1 ons sode klubi
- Garniturë: fetë portokalli

UDHËZIME:

a) Në një gotë vere të mbushur me akull, përzieni prosecco-n, Aperol-in dhe sodën e klubit.

b) Shtoni një fetë portokalli si garniturë.

77. Mimoza prosecco dhe lëng portokalli

PËRBËRËSIT:

- 1 shishe Prosecco
- 2 gota lëng portokalli
- Feta portokalli për zbukurim

UDHËZIME:

a) Mbushni fyellet e shampanjës përgjysmë me Prosecco të ftohur.
b) Mbushni gotat me lëng portokalli.
c) Zbukuroni çdo gotë me një fetë portokalli.
d) Shërbejeni menjëherë dhe shijoni mimozën freskuese Prosecco.

78. Hibiscus Spritz

PËRBËRËSIT:
- 2 ons prosecco ose verë e gazuar
- 1 ons shurup hibiskusi
- ½ ons liker me lule plaku
- Sode klubi
- Feta limoni ose lule të ngrënshme për zbukurim
- Kube akulli

UDHËZIME:
a) Mbushni një gotë vere me kube akulli.
b) Shtoni shurupin e hibiscusit dhe likerin e lulediellit në gotë.
c) Përziejini butësisht për të kombinuar shijet.
d) Mbi gotën me prosecco ose verë të gazuar.
e) Shtoni një spërkatje me sode klubi për një përfundim me flluska.
f) Dekoroni me feta limoni ose lule të ngrënshme.
g) Përziejini butësisht përpara se të pini.
h) Shijoni Hibiscus Spritz shkëlqyeshëm dhe me lule.

79. Mushka shampanjë

PËRBËRËSIT:

- 2 ons ml vodka
- 2 ons lëng gëlqereje të freskët
- 4 ons birrë xhenxhefil
- Prosecco i ftohur, për sipër
- Pika gëlqereje, për servirje
- Nenexhik, për servirje

UDHËZIME:

a) Hidhni vodka dhe lëngun e freskët të gëlqeres në dy gota, më pas mbi secilën gotë hidhni birrë xhenxhefili.

b) Hidhni prosekun dhe më pas zbukurojeni me lime dhe nenexhik.

c) Shërbejeni të ftohtë.

80. Hugo

PËRBËRËSIT:
- 15 cl Prosecco, e ftohur
- 2 cl shurup plaku, ose shurup me balsam limoni
- nja dy gjethe nenexhiku
- 1 lëng limoni i saposhtrydhur, ose lëng limoni
- 3 kube akulli
- shtënë ujë mineral të gazuar, ose ujë me gaz
- feta limoni, ose gëlqere për dekorimin e gotës ose si garniturë

UDHËZIME:
a) Vendosni kubat e akullit, shurupin dhe gjethet e mentes në një gotë vere të kuqe.
b) Hidhni në gotë lëng limoni ose gëlqereje të saposhtrydhur. Vendosni një fetë limoni ose gëlqere në gotë dhe shtoni Prosecco të ftohtë.
c) Pas disa çastesh, shtoni një spërkatje me ujë mineral të gazuar.

81. Prosecco Mojito

PËRBËRËSIT:

- 1 oz rum i bardhë
- ½ oz lëng limoni të freskët
- ½ oz shurup i thjeshtë
- 6-8 gjethe nenexhiku të freskët
- Prosecco, i ftohtë
- Copa gëlqereje për zbukurim
- Degët e nenexhikut për zbukurim

UDHËZIME:

a) Në një shaker koktej, përzieni gjethet e freskëta të nenexhikut me lëng lime dhe shurup të thjeshtë.
b) Shtoni rumin e bardhë dhe mbushni shakerin me akull.
c) Tundeni mirë që të bashkohen.
d) Kullojeni përzierjen në një gotë të mbushur me akull.
e) Spërkateni me Prosecco të ftohur.
f) Dekoroni me copa gëlqereje dhe degë nenexhiku.
g) Përziejini butësisht dhe shijoni Prosecco Mojito freskuese.

82. Sgroppino

PËRBËRËSIT:

- 4 oz. Vodka
- 8 oz. Prosecco
- 1 grumbull sherbet limoni
- Garniturat opsionale
- lëkura e limonit
- pykat e limonit
- perdredhje limoni
- gjethet e freskëta të nenexhikut
- gjethe borziloku të freskët

UDHËZIME:

a) Në një blender, bashkoni tre përbërësit e parë.
b) Procedoni derisa të jetë e qetë dhe e përzier.
c) Shërbejeni në flauta shampanje ose gota vere.

83. Prosecco Bellini

PËRBËRËSIT:
- 2 oz pure pjeshke ose nektar pjeshke
- Prosecco, i ftohtë
- Feta pjeshke për zbukurim

UDHËZIME:
a) Hidhni purenë e pjeshkës ose nektarin e pjeshkës në një flaut shampanjë të ftohur.
b) Hidhni sipër Prosecco të ftohur, duke mbushur gotën.
c) Përziejini lehtë për t'u kombinuar.
d) Zbukuroni me një fetë pjeshke të freskët.
e) Pini dhe shijoni Prosecco Bellini-n klasik dhe elegant.

84. Prosecco Margarita

PËRBËRËSIT:
- 1½ oz tequila argjendi
- 1 oz lëng limoni të freskët
- 1 oz shurup i thjeshtë
- ½ oz liker portokalli (të tilla si trefishtë sec)
- Prosecco, i ftohtë
- Copa gëlqereje për zbukurim
- Kripë ose sheqer për rrahje (opsionale)

UDHËZIME:
a) Sipas dëshirës, kufizoni gotën me kripë ose sheqer duke e zhytur buzën në lëng gëlqereje dhe më pas në kripë ose sheqer.
b) Në një shaker koktej, kombinoni tekilën, lëngun e limonit, shurupin e thjeshtë dhe likerin e portokallit.
c) Mbushni shakerin me akull dhe tundeni fuqishëm.
d) Kullojeni përzierjen në një gotë të mbushur me akull.
e) Spërkateni me Prosecco të ftohur.
f) Dekoroni me feta gëlqereje.
g) Përziejini butësisht dhe shijoni Prosecco Margarita me gaz.

85. Prosecco Ginger Fizz

PËRBËRËSIT:

- 2 oz liker xhenxhefili
- ½ oz lëng limoni të freskët
- ½ oz shurup i thjeshtë
- Prosecco, i ftohtë
- Xhenxhefil i kristalizuar për zbukurim

UDHËZIME:

a) Në një shaker koktej, kombinoni likerin e xhenxhefilit, lëngun e limonit dhe shurupin e thjeshtë.
b) Mbushni shakerin me akull dhe tundeni mirë.
c) Kullojeni përzierjen në një gotë të mbushur me akull.
d) Spërkateni me Prosecco të ftohur.
e) Dekoroni me një copë xhenxhefil të kristalizuar.
f) Përziejini butësisht dhe shijoni Prosecco Ginger Fizz me gaz.

86. Prosecco frëngjisht 75

PËRBËRËSIT:

- 1 oz xhin
- ½ oz lëng limoni të freskët
- ½ oz shurup i thjeshtë
- Prosecco, i ftohtë
- Limon twist për zbukurim

UDHËZIME:

a) Në një shaker koktej, kombinoni xhinin, lëngun e limonit dhe shurupin e thjeshtë.
b) Mbushni shakerin me akull dhe tundeni mirë.
c) Kullojeni përzierjen në një flaut shampanjë.
d) Spërkateni me Prosecco të ftohur.
e) Zbukuroni me një rrotullim limoni.
f) Pini dhe shijoni Prosecco French 75 klasike dhe plot zjarr.

87. Prosecco Shegë Punch

PËRBËRËSIT:

- 2 gota lëng shege
- 1 filxhan lëng portokalli
- $\frac{1}{2}$ filxhan lëng boronicë
- $\frac{1}{4}$ filxhan lëng limoni të freskët
- 2 lugë shurup agave ose mjaltë
- Prosecco, i ftohtë
- Farat e shegës dhe fetat e gëlqeres për zbukurim

UDHËZIME:

a) Në një enë përzieni lëngun e shegës, lëngun e portokallit, lëngun e boronicës së kuqe, lëngun e limonit dhe shurupin ose mjaltin agave.
b) I trazojmë derisa të bashkohen mirë dhe ëmbëlsuesi të jetë tretur.
c) Shtoni Prosecco të ftohur në tenxhere dhe përzieni butësisht.
d) Mbushni gotat me akull dhe hidhni mbi akull grushtin e shegës Prosecco.
e) Dekorojeni me kokrra shege dhe feta lime.
f) Pini gllënjkë dhe shijoni prushin me shije frute dhe të ndezur Prosecco Pomegranate Punch.

88. Koktej rubin dhe rozmarinë Prosecco

PËRBËRËSIT:
- 1 degë rozmarinë e freskët
- 1 ons lëng grejpfruti rubin
- ½ ons shurup i thjeshtë rozmarine (receta më poshtë)
- Prosecco i ftohur ose ndonjë verë e bardhë e gazuar
- Feta rubin grejpfrut ose degë rozmarine për zbukurim

PËR SHURUPIN E THJESHTË ROZMARINË:
- ½ filxhan ujë
- ½ filxhan sheqer të grimcuar
- 2 degë rozmarinë të freskët

UDHËZIME:
a) Përgatitni shurupin e thjeshtë të rozmarinës duke bashkuar ujin, sheqerin dhe degëzat e rozmarinës në një tenxhere të vogël. Lëreni përzierjen të ziejë në zjarr mesatar, duke e përzier herë pas here derisa sheqeri të tretet plotësisht.

b) Hiqeni tenxheren nga zjarri dhe lëreni rozmarinën të futet në shurup për rreth 10 minuta. Më pas, kulloni degëzat e rozmarinës dhe lëreni shurupin e thjeshtë të ftohet.

c) Në një shaker koktej, përzieni degën e freskët të rozmarinës butësisht për të lëshuar aromën e saj.

d) Shtoni lëngun e grejpfrutit të rubinit dhe shurupin e thjeshtë të rozmarinës në shaker. Mbushni shakerin me akull.

e) Shkundni përzierjen fuqishëm për rreth 15-20 sekonda për të ftohur përbërësit.

f) Kullojeni koktejin në një gotë të ftohtë ose flaut.

g) Mbushni koktejin me Prosecco të ftohur, duke e lejuar atë të përzihet butësisht me përbërësit e tjerë.

h) Zbukuroni pijen me një fetë grejpfrut rubin ose një degë rozmarine të freskët.
i) Shërbejeni koktejin Prosecco me Rubin dhe Rozmarinë menjëherë dhe shijojeni!

89. Koktej Prosecco Elderflower

PËRBËRËSIT:

- 1 oz liker me lule plaku (siç është St-Germain)
- ½ oz lëng limoni të freskët
- Prosecco, i ftohtë
- Lule të ngrënshme për zbukurim (opsionale)

UDHËZIME:

a) Mbushni një gotë vere me kube akulli.
b) Shtoni likerin e plakut dhe lëngun e freskët të limonit.
c) Spërkateni me Prosecco të ftohur.
d) Përziejini butësisht që të bashkohen.
e) Nëse dëshironi, zbukurojeni me lule të ngrënshme.
f) Pini dhe shijoni koktejin me lule dhe shkumëzues Prosecco Elderflower.

90. Koktej grejpfrut rozë

PËRBËRËSIT:

- 1 filxhan lëng grejpfrut rozë të saposhtrydhur
- $\frac{1}{8}$ filxhan liker me mjedër
- 2 shishe Prosecco të ëmbël
- 2 Grejpfrut rozë, të prera në feta për zbukurim
- Nenexhik i freskët për zbukurim
- Kube akulli

UDHËZIME:

a) Në një tenxhere, kombinoni lëngun e grejpfrutit rozë të saposhtrydhur, likerin e mjedrës dhe Prosecco-n e ëmbël.

b) Shtoni një tabaka me kuba akulli për ta mbajtur Prosecco-n të ftohtë.

c) E trazojmë mirë masën që të bashkohen shijet.

d) Shtoni feta 1 grejpfrut rozë dhe një grusht nenexhik të freskët për të përmirësuar aromën dhe paraqitjen.

e) Për ta shërbyer, hidhni Prosecco-n në gota me një fetë grejpfrut rozë përgjatë buzës dhe zbukurojeni me nenexhik të freskët.

f) Ngrini një gotë, dolli për një mëngjes të shijshëm dhe shijoni!

91. Prosecco Pineapple Sorbet Float

PËRBËRËSIT:
SHERBET ANANASI:
- 2 ons lëng ananasi
- 4 ons shurup agave
- 16 ons ananas të ngrirë

PROSECCO + SHËRBET ANANAS NOTON:
- Sherbeti ananasi (nga receta e mësipërme)
- Prosecco

UDHËZIME:
SHERBET ANANASI:
a) Në një blender, kombinoni lëngun e ananasit dhe agave.
b) Shtoni rreth një të katërtën e ananasit të ngrirë dhe pulsoni derisa të përzihet.
c) Ngadalë shtoni ananasin e mbetur të ngrirë, duke pulsuar me çdo shtim. Qëllimi është të ruani një konsistencë të ngrirë si smoothie.
d) Transferoni përzierjen në një enë dhe vendoseni në frigorifer që të forcohet gjatë gjithë natës.

SHERBET ANANASI PROSECCO:
e) Në fund të një gote vendosni një lugë nga sherbeti i përgatitur i ananasit.
f) Hapni një shishe Prosecco dhe hidheni mbi sherbetin në gotë.
g) Nëse dëshironi, zbukurojeni notën me feta ananasi, gjethe nenexhiku ose lule të ngrënshme.

92. Limonadë me mjedër Koktej

PËRBËRËSIT:

- 3 ons Prosecco
- 3 ons limonadë me mjedër
- Spërkatet me sheqer rozë ose të kuq
- 2-3 mjedra të freskëta

UDHËZIME:

a) Për të mbyllur gotat: Hidhni një sasi të vogël limonadë me mjedër në një pjatë ose tas të cekët. Bëni të njëjtën gjë me sheqerin rozë ose të kuq në një pjatë të veçantë.

b) Lyejeni buzën e një flauti Prosecco në limonadën e mjedrës, duke u kujdesur që të lyeni të gjithë buzën.

c) Më pas, zhytni buzën e veshur të gotës në sheqerin me ngjyrë për të krijuar një buzë sheqeri dekorative.

d) Hedhim limonadën e mjedrës dhe Prosecco-n në gotën e përgatitur dhe përziejmë butësisht që të përzihen shijet.

e) Hidhni 2-3 mjedra të freskëta në koktej për një shpërthim shtesë të mirësisë frutash.

f) Shërbejeni Prosecco-n tuaj me Limonadë Raspberry dhe shijoni këtë koktej të këndshëm dhe freskues gjatë mëngjesit tuaj me vajzat.

93. Sorbet portokalli Koktej

PËRBËRËSIT:
- 2 gota lëng portokalli të freskët
- ½ filxhan ujë
- ¾ filxhan mjaltë ose nektar agave, i rregulluar sipas shijes
- Prosecco

UDHËZIME:
a) Në një tas, përzieni lëngun e freskët të portokallit, ujin dhe mjaltin (ose nektarin agave) derisa të përzihen mirë.

b) Hidheni përzierjen në një prodhues akulloreje dhe ngrijeni sipas udhëzimeve të prodhuesit. Përndryshe, përzierjen mund ta hidhni në një enë dhe ta ngrini në frigorifer derisa të arrijë një konsistencë sherbeti.

c) Pasi sherbeti i portokallit të jetë gati, hidheni në gota Prosecco.

d) Sipër sherbetit me Prosecco.

94. Portokalli gjaku i plakut Koktej

PËRBËRËSIT:

- Shishe Prosecco 750 ml
- 8 lugë çaji tequila argjendi
- 8 lugë çaji liker me lule plaku
- ⅓ filxhan lëng portokalli gjaku të saposhtrydhur
- 1 portokall gjaku, i prerë hollë për zbukurim (opsionale)

UDHËZIME:

a) Nëse dëshironi, vendosni një fetë të hollë portokalli gjaku në secilën nga katër flautat e Prosecco për një garniturë elegante.

b) Hidhni 2 lugë çaji tequila argjendi në çdo flaut Prosecco, duke e ndarë atë në mënyrë të barabartë mes tyre.

c) Më pas, shtoni 2 lugë çaji liker luledielli në çdo flaut.

d) Në mënyrë të barabartë, ndani lëngun e freskët të portokallit të shtrydhur me gjak midis katër flautave të Prosecco. Çdo flaut duhet të marrë pak më pak se 4 lugë çaji lëng.

e) Derdhni me kujdes Prosecco-n në çdo flaut, duke lejuar që flluskat të vendosen midis derdhjeve. Mbushni çdo gotë deri në buzë me Prosecco.

f) Shërbejeni menjëherë Prosecco-n e Portokallit të Gjakut të Elderflower dhe shijoni kombinimin e bukur të shijeve dhe shkumës.

95. Prosecco dhe lëng portokalli Koktej

PËRBËRËSIT:
- 1 shishe Prosecco
- 2 gota lëng portokalli
- Feta portokalli për zbukurim

UDHËZIME:
e) Mbushni flautet Prosecco në gjysmë të rrugës me Prosecco të ftohur.
f) Mbushni gotat me lëng portokalli.
g) Zbukuroni çdo gotë me një fetë portokalli.
h) Shërbejeni menjëherë dhe shijoni Prosecco Prosecco freskuese.

96. Fruti i pasionit Koktej

PËRBËRËSIT:
- 1 filxhan Prosecco i ftohur
- $\frac{1}{2}$ filxhan nektar ose lëng frutash pasioni të ftohur

UDHËZIME:
a) Ndani Prosecco-n e ftohur në mënyrë të barabartë midis dy gotave.
b) Mbushni çdo pije me nektarin ose lëngun e frutave të pasionit të ftohtë. Në çdo gotë mund të shtoni 3 deri në 4 lugë nektar ose lëng.
c) Përziejeni lehtë përzierjen për të kombinuar shijet.
d) Shërbejeni menjëherë Passion Fruit Proseccos, duke shijuar shijen e ëmbël dhe tropikale të frutave të pasionit të kombinuara me Prosecco-n me flluska.
e) Ky koktej ekzotik dhe freskues është i përsosur për një mëngjes të vonë të veçantë, një festë ose thjesht për t'i dhënë vetes një pije të këndshme.
f) Shijoni shijen unike dhe të lezetshme të këtyre Proseccos me fruta pasioni! Gëzuar!

97. Pjeshkë Koktej Prosecco

PËRBËRËSIT:

- 2 gota nektar pjeshke, të ftohtë
- 1 ⅓ filxhan lëng portokalli, i ftohur
- ⅔ filxhan shurup grenadine
- 1 shishe Brut Prosecco, e ftohur

UDHËZIME:

a) Në një enë të madhe, kombinoni nektarin e ftohur të pjeshkës dhe lëngun e portokallit. Përziejini mirë që shijet të jenë të përziera.

b) Merrni 10 gota Prosecco dhe hidhni 1 lugë gjelle shurup grenadine në secilën gotë.

c) Hidhni afërsisht ⅓ filxhan me përzierjen e lëngut të portokallit në çdo gotë Prosecco mbi shurupin e grenadinës.

d) Në fund, sipër çdo gote hidhni Prosecco të ftohur, duke e mbushur deri në buzë.

e) Shërbejini menjëherë Proseckos Pjeshkë për të shijuar mirësinë e gazuar dhe me fruta.

f) Këto Proseccos të lezetshme janë perfekte për raste festash, mbledhje të mëngjesit të mëngjesit ose në çdo kohë kur dëshironi të shtoni një ëmbëlsi pjeshke në ditën tuaj.

g) Gezuar shijshmerine e Proseccos Pjeshke! Shijoni me përgjegjësi dhe shijoni përzierjen e lezetshme të shijeve.

98. Ananasi Koktej Prosecco

PËRBËRËSIT:

- Një shishe Prosecco 750 mililitra
- 2 gota lëng ananasi
- $\frac{1}{2}$ filxhan lëng portokalli
- Feta portokalli, për servirje
- Feta ananasi, për servirje

UDHËZIME:

a) Kombinoni Prosecco-n, lëngun e ananasit dhe lëngun e portokallit.

b) I trazojmë derisa të bashkohen mirë.

c) Mbushni gotat Prosecco dhe shtoni feta frutash në buzë përpara se t'i shërbeni.

99. Prosecco Sangria

PËRBËRËSIT:

- 3 gota lëng frutash
- 3 gota fruta të freskëta (të prera në feta ose në kubikë, nëse është e nevojshme)
- ½ filxhan liker frutash (të tilla si Cointreau, Grand Marnier ose Chambord)
- 1 shishe Prosecco e thatë, e ftohur

UDHËZIME:

a) Kombinoni lëngun, frutat dhe likerin në një kavanoz të madh (ose shtambë, nëse shërbeni nga një) dhe lërini shijet të përzihen për të paktën 1 orë.

b) Nëse keni hapësirë në ftohësin tuaj, mbajeni përzierjen të ftohur derisa të jetë gati për t'u përdorur.

c) Shtoni Prosecco-n në kavanoz (ose shtambë) dhe shërbejeni menjëherë.

d) Përndryshe, mund të mbushni gota individuale rreth një të tretën me përzierjen e lëngut dhe sipër me Prosecco.

100. luleshtrydhe Koktej Prosecco

PËRBËRËSIT:
- 2 ons lëng portokalli
- 2 ons luleshtrydhe
- ½ ons shurup luleshtrydhe
- 4 ons Prosecco

UDHËZIME:
a) Përzieni lëngun e portokallit, luleshtrydhet dhe shurupin e luleshtrydheve në një blender derisa të jenë të lëmuara.
b) Hidheni në një gotë kokteji.
c) Sipër me Prosecco.
d) Zbukuroni me një fetë luleshtrydhe dhe një portokall.

PËRFUNDIM

Ndërsa arrijmë në fund të "Flluskat dhe kafshimet: LIBRI I FUNDIT I PROSECCO-s", shpresojmë që të keni shijuar këtë udhëtim në botën e kënaqësive të mbushura me Prosecco. Ne kemi eksploruar një gamë të gjerë recetash, nga mëngjesi deri te snacket dhe pjatat kryesore, të gjitha duke shfaqur shkëlqimin dhe elegancën e Prosecco. Ka qenë një aventurë shijesh dhe kreativiteti, duke zbuluar se si Prosecco mund të përmirësojë si pjatat e ëmbla ashtu edhe ato të shijshme dhe të shtojë një prekje të sofistikimit në repertorin tuaj të kuzhinës.

Shpresojmë që ky libër gatimi t'ju ketë frymëzuar të eksperimentoni me Prosecco në kuzhinën tuaj, duke ju lejuar të krijoni ushqime dhe përvoja të paharrueshme për veten dhe të dashurit tuaj. Mbani mend, Prosecco nuk është thjesht një pije për të pjekur raste të veçanta - është një përbërës i gjithanshëm që mund të lartësojë gatimin tuaj të përditshëm dhe të sjellë një prekje festimi në çdo vakt.

Nga koktejet e këndshme të mëngjesit deri tek çiftet e shkëlqyera të darkës, Prosecco ka provuar aftësinë e saj për të përmirësuar dhe ngritur një shumëllojshmëri të gjerë pjatash. Pra, vazhdoni të eksploroni mundësitë e kuzhinës së Prosecco-s, duke i mbushur recetat tuaja me shijet e tij të gjalla dhe vrullin. Ndani krijimet tuaja me miqtë dhe familjen dhe shijoni gëzimin që vjen me zbulimin e shijeve të reja dhe të shijshme.

Shpresojmë që "Flluskat dhe kafshimet: LIBRI I FUNDIT I PROSECCO-s" të ketë ndezur kreativitetin tuaj dhe t'ju lërë me një vlerësim të ri për magjinë e Prosecco-s në kuzhinë. Gëzuar për aventurat e kuzhinës dhe botën e lezetshme të kënaqësive të mbushura me Prosecco!

www.ingramcontent.com/pod-product-compliance
Lightning Source LLC
Chambersburg PA
CBHW071314110526
44591CB00010B/886